4·16구술증언록 단원고 2학년 8반 제5권

# 그날을 말하다

## 상준 엄마 강지은

4·16구술증언록 단원고 2학년 8반 제5권

# 그날을 말하다

## 상준 엄마 강지은

4·16기억저장소 기획 편집
(사) 4·16세월호참사가족협의회 지원 협조

한울

책머리에

4·16기억저장소에서는 세월호 참사 5주기를 맞아 구술증언 수집 사업의 결과물 일부를 100권의 책으로 발간하게 되었습니다. 이 사업은 2015년 6월부터 다양한 학문 분야 구술 연구자들의 자발적인 참여로 진행되어 왔으며, 세월호 참사를 좀 더 정확하고 다각적으로 기록하고 기억하고자 하는 노력의 일환으로 수행되었습니다.

2014년 참사 발생 이후, 참사 피해자들의 목격담과 경험은 안타깝게도 공식적인 국가기관과 언론의 기록 속에서 철저히 소외되거나 왜곡되었습니다. 그것은 세월호 참사가 우리에게 안긴 죽음과 고통의 충격만큼이나 우리 사회의 끔찍한 비극이었습니다. 따라서 사업을 진행하면서 세월호 참사 희생자 가족, 생존자, 생존자 가족, 어민, 잠수사, 활동가, 기자 등등, 참사의 초기 과정을 직접 경험한 분들의 증언을 우선적으로 수집했습니다. 구술자는 이 사업의 취

지와 방식에 개인적으로 동의한 분 중에서 선정했으며, 참여 과정에 어떠한 금전적 보상이나 이익이 제공되지 않았습니다. 또한 구술증언 수집 사업을 진행하는 동안, 면담자는 연구자이자 참사를 겪은 공동체 시민으로서 최대한 윤리적이고자 노력했습니다.

구술자마다 매회 약 2시간씩 3회를 원칙으로 음성 녹취와 영상 촬영을 하는 방식으로 진행되었고, 증언의 일관성을 확보하기 위해 면담자는 큰 틀에서 공통 질문지를 사용했습니다. 공통 질문지의 내용은 참사와 구술자 간의 관계성에 따라 차이가 있지만, 유가족 구술의 경우 1회차 '참사 이전의 삶, 팽목항과 진도에서의 경험, 자녀에 대한 기억'을, 2회차 '참사 이후 투쟁과 공동체 활동 경험'을, 3회차 '참사 이후 개인 및 가족이 경험한 삶의 변화와 깨달음, 자녀의 현재적 의미'를 중심으로 했습니다. 이처럼 증언 내용은 참사 이전에서 시작해 참사 발생 당시의 경험과 이후의 변화 과정까지 폭넓게 수집했고, 면담자는 구술 채록 과정에서 구술자의 발화를 최대한 존중하고자 했으며, 무엇보다 각자의 특수한 경험과 다른 시각을 충실히 반영하고자 했습니다.

이 구술증언록의 발간을 위해, 채록된 음성 자료는 문서로 변환해 구술자와 함께 검토했고, 현재 시점에서 공개할 수 있는 영역과 할 수 없는 영역으로 구별했습니다. 따라서 책에 실린 내용은 모두 구술자로부터 공개를 허락받은 부분입니다. 비공개 영역은 추후 구술자의 동의를 받아 적절한 절차를 거쳐 추가로 공개될 수 있으리라 생각합니다.

이 구술증언록 100권에는 그동안 우리 사회에 왜곡되어 알려지거나 잘 알려지지 않았던, 참사 발생 직후 팽목항과 진도 혹은 바다에서의 초기 상황에 관한 중요한 증언이 포함되어 있습니다. 또한, 자녀를 잃는 잔인하고 애통한 상황을 겪으면서도 그 누구보다 강인한 정치적 주체로 성장할 수밖에 없었던 유가족의 마음과 경험을 구체적으로, 그리고 여러 각도에서 살펴볼 수 있습니다. 그 외에도, 이 구술증언록은 2014년을 전후한 한국 사회의 여러 측면을 드러내는 귀중한 자료가 되리라고 생각합니다. 무엇보다 국내외의 많은 분이 이 책을 읽어, 장차 세월호 참사의 진상 규명과 역사 서술에 기여할 수 있기를 바랍니다.

구술증언 수집 사업이 진행되고, 책으로 출간되기까지 많은 분의 도움과 지지가 있었습니다. 이 지면을 빌려 부족하나마 감사의 말씀을 전하고자 합니다.

먼저 (사)4·16세월호참사가족협의회와 4·16기억저장소에 감사를 드립니다. 이분들의 신뢰와 적극적인 협조가 없었다면, 이 사업은 처음부터 시작할 수조차 없었을 것입니다. 또한 어려운 정치 환경 속에서도 사업의 취지에 공감해 재정 지원을 결정해 준 아름다운가게와 역사문제연구소에 감사드립니다. 두 단체 덕분에, 이 사업을 4년 동안 계속해 올 수 있었습니다. 그리고 구술증언록 100권의 발간에 동의하고, 바쁜 일정에도 출판 실무를 기꺼이 맡아주신 한울엠플러스(주)에도 감사를 드립니다. 이 외에도 많은 개인과 단체가 직간접적으로 많은 도움을 주시고 격려해 주셨습니다. 여기에 모두 밝히지 못하는 것을 죄송하게 생각합니다.

　말할 필요도 없이, 가장 크고 또 가슴 아픈 감사는 구술자 한 분 한 분께 드리고자 합니다. 이 책이 발간될 수 있었던 것은, 무엇보다 용기를 내어 아픔과 고통의 기억을 다시 떠올리고 장시간 진심으로 이야기를 해주신 구술자가 있었기 때문입니다. 오랜 시간 이야기를 나누며 함께 공감하기도 했지만, 그 아픔과 고통을 어떻게 가늠할 수 있을까 싶습니다. 더 큰 도움이 되지 못함을 안타까워하며, 이 구술증언록 100권의 발간이 피해자분들에게 조금이라도 위로가 될 수 있기를 기원합니다.

2019년 4월

4·16기억저장소 구술팀 책임자
서울대학교 인류학과 교수 이현정

# 차례

■ 1회차 ■

## ■ 2회차 ■

# 상준 엄마 강지은

구술자 강지은은 단원고 2학년 8반 고 지상준의 엄마다. 책 읽기를 좋아하는 상준이는 엄마에게 언제나 힘이 되어주고, 현명하게 얘기해 주는 예쁜 아들이었다. 엄마는 4·16공방에서 활동하며 안전하고 인권이 보장되는 사회를 위한 투쟁에 지속적으로 참여하고 있다.

강지은의 구술 면담은 2019년 2월 11일, 12일, 2회에 걸쳐 총 4시간 50분 동안 진행되었다. 면담자는 김세림, 촬영자는 강재성이었다.

구술자 본인의 프라이버시나 제3자의 프라이버시를 보호해야 할 부분을 제외하고는 구술자의 발화를 있는 그대로 전사했다.

# 1회차

2019년 2월 11일

# 1
## 시작 인사말

**면담자**　　　본 구술증언은 4·16 사건에 대한 참여자들의 경험과 기억을 기록으로 남김으로써 이후 진상 규명 및 역사 기술에 기여하고자 합니다. 지금부터 강지은 씨의 증언을 시작하겠습니다. 오늘은 2019년 2월 11일이며, 장소는 안산시 단원구 4·16기억저장소 기억교실입니다. 면담자는 김세림이며, 촬영자는 강재성입니다.

# 2
## 결혼 후 임신과 출산, 육아

**면담자**　　　구술에 응해주서서 정말 감사합니다. 오늘은 어머님께서 안산에 오시게 된 때부터 아이 출산과 성장 과정, 그리고 참사 이후 아이를 다시 만나는 과정까지 여쭤보려고 합니다. 어머님의 감정 상태에 따라서 편하게 이야기를 하시면 될 것 같아요. 어머님께서는 원래 상주가 고향이라고 하셨잖아요. 안산으로는 결혼하면서 오신 건가요?

**상준 엄마**　　　예. 상주는 제 고향인 거고 학창 시절로 여고까지 거기 있었고 서울에서 생활을 하다가 결혼하고서 이제 안산으로…. 신혼집이 제, 신혼생활을 안산에서 시작한 거죠.

**면담자**　　　그럼 아버님은 서울에서 만나셨겠네요? (상준 엄마 :

그렇죠) 일하다가 만나신 거예요?

상준 엄마  아니요. 고향 사람인데 선배, 후배 이렇게 지내다가.

면담자  동문회 같은 데에서 만나신 거예요?

상준 엄마  동문회는 아니고요(웃음).

면담자  안산 지역에 아버님이 연고가 있으셨던 거예요?

상준 엄마  직장생활이 이쪽으로 옮겨지면서.

면담자  따라서 오시게 된 거예요? (상준 엄마 : 그렇죠. 예) 아이가 있으실 때였어요?

상준 엄마  없었죠. 신혼, 결혼하고 나서 바로 신혼집 생활을 했으니까.

면담자  낯선 곳에서 출발했어야 하니 힘드셨겠어요.

상준 엄마  예, 많이 힘들었어요. 정이 안 붙었어요. 그때는 발전이 많이 안 됐을 때라 굉장히 황량한 느낌을 많이 받았었어요.

면담자  그때가 혹시 몇 년도쯤이었어요?

상준 엄마  96년도, 95년도부터 와가지고. (면담자 : 결혼을 95년도쯤에?) 96년도 4월 달에 했어요.

면담자  그렇구나. 아이는 결혼하고 얼마 만에 갖게 되셨어요?

상준 엄마  1년 만에 가지게 됐어요.

면담자  친정어머님이랑 왕래하기가 좀 어려웠겠네요.

상준 엄마   예, 그때는 서울까지가 거의 3시간. 정암동이었거든요, 특히나 굉장히 멀어서 2, 3시간 기본으로 잡고 왔다 갔다 했어야 되죠.

면담자   아이 임신하시고 태교는 어머님 혼자 하신 거예요? (상준 엄마 : 예) 힘들진 않으셨어요?

상준 엄마   굉장히 힘들었어요. 아이들을 되게 좋아해서 '결혼하면 많이 낳아야지' 했다가 상준이 가지고 한 열 달 내내 힘들었어요. (면담자 : 입덧이 힘드셨어요?) 예, 입덧이 굉장히 힘들고 먹지도 못했고 정기검진 갈 때도 몇 번씩 쉬었다 가야 될 정도로 굉장히 힘들었고. 그래서 '아, 이제 그만 낳아야겠다'. 첫애 낳고 굉장히 힘들었어요, 육아도 그렇고.

면담자   주변에 도와줄 만한 분들이 없으셔서 더 그러셨을 것 같아요. (상준 엄마 : 예) 시댁은 어디에 있으셨어요?

상준 엄마   그때는 상주에 계셨어요.

면담자   정말 두 분이서만 온전히 가정을 꾸리신 거네요. 아이를 가지셨을 때 배 속의 아이가 커갈 때의 느낌은 어떠셨어요?

상준 엄마   배 속에서는 '힘들다'는 생각밖에 못 했어요. 그때는 처음에는 임신했다고 '우와' 이렇게 '감사하다. 축복이다' 이런 감정은 없고 당혹스럽고 의아스럽고 그랬어요. 그래서 아이가 정착이 되고 그랬을 때 감정이, 태동하고 이런 것 느끼면서, '아, 신비롭다. 감사하다' 이런 느낌이 들었고. 계속 힘들었기 때문에 입덧 계속하고 집에서도 쪼만한 냄새 뭐 이런 것들도 다 예민하게 반응을 하니까 힘들었었어요.

**면담자**　　아버님은 좀 도와주셨었어요?

**상준 엄마**　　그때는 힘들었어요, 신랑도. 왜냐하면 회사에서 대리였기 때문에 굉장히 일도 많고 바쁠 때여서 도와주고 싶어도 거의 못 도와주는 상황이었어요.

**면담자**　　몸이 워낙 힘드니까 애기랑 정붙이는 데도 좀 시간이 걸렸겠어요.

**상준 엄마**　　예. 그때는 좀 걸렸어요.

**면담자**　　애기가 배 속에서도 탯줄 때문에 좀 힘들었다고 하더라고요.

**상준 엄마**　　예, 태어날 때 태어나기도 일찍 태어났어요. 이제 21일, 그러니까 3주 일찍 나오는 데다가 탯줄을 목에 감고 태어나 가지고. 호흡곤란이라든지 청색증 이런 것들이 와서 인큐베이터에 들어 있다가 나왔죠.

**면담자**　　그때는 아이의 상태를 미리 배 속에서 알 수 없는 때였죠?

**상준 엄마**　　아니요. 산부인과 가면 이야기를 해주잖아요, 그런 것을 [낳기가] 쉽지 않다고 수액까지 맞고 수술, "제왕절개를 해야 되겠다"는 이야기를 들었어요. 꽤 큰 개인 산부인과를 다녔는데 막달이 왔을 때 "수술해야겠다" 그리고 개인병원이라 수혈할 피도 공급받고 해야 된다고 해서 그건 굉장히 좀 꺼려지더라고요. 그래서 대학병원을 갔죠. 고대병원으로 갔는데 그때 추세가 제왕절개에서 자연분만으로 넘어가는 단계였었어요, 그때 출산 그런 것 하는 것들에서. 그래서 고대병원 가서 "좀 더 노력해 보고, 자연분만으로 해보자" 이제 그렇게 해서 자연분만으로 [낳았어요]. 빈혈 수치도 올려보고, 빈혈도 굉장히 심했기 때문에 빈혈 수치도 올려보고 그랬죠.

면담자      고생을 많이 하셨겠어요. (상준 엄마 : 예) 아이는 몇 시간 만에 낳았나요?

상준 엄마      몇 시간…. 토요일 날 오전 9시에 가서 일요일 날 3시 45분에 낳았으니까.

면담자      오후 3시요? (상준 엄마 : 예) 하루 넘게 고생하셨네요.

상준 엄마      네, 네, 네. 양수가 미리 터져서 갔었던 부분이거든요. 그런데 대학병원들이 토요일, 일요일은 당직 의사가 없고 이래 가지고 '청색증이 왔을 수도 있겠다'라는. 그때는 경황이 없었기 때문에 나중에서야 그런 생각이 들더라고요.

면담자      그래도 주말이라 아버님이 바로 같이 가실 수 있었겠어요.

상준 엄마      아, 그것도 사연이 많았어요. 그날 하필 또 이사하는 날이었어요. 이사하는 날이라서 저는 신랑의 선배들이 저를 고대병원으로 데리고 가고 신랑은 이사를 하고(웃음).

면담자      이사하느라 힘들어서 그랬을 수도 있겠어요.

상준 엄마    글쎄, 저는 다들 포장 이사 하니까 그때는 그렇게 신경을 안 썼다고 하는데도 신경이 쓰였었나 봐요.

면담자    아기가 인큐베이터 안에 있는 거죠? 어머님 마음이 되게 힘들었겠어요.

상준 엄마    진짜 힘들었었어요. 저는 3일 만에 퇴원을 시키고 아이는 인큐베이터에 있고 이러는데, 가라는데 뭐 발걸음이 안 떨어지는 거예요. 그리고 하루에 두 번밖에 면회가 안 되니까 너무 힘들더라고요. 그래서 "저 좀 같은 병원에라도 있게 해달라"고 했는데 입원실도 없고 그래서 퇴원을 하게 되었거든요. 진짜 그때는 마음이 되게 괴로웠어요.

면담자    아이가 한 석 달 가까이 인큐베이터에 있었다고 하셨나요?

상준 엄마    아니요, 석 달씩은 안 있었고요. 거기도 2주 좀 넘게 있었어요, 15일 있었으니까.

면담자    아기가 퇴원하고 집에 와서는 어머님이랑 둘이서 있었겠네요?

상준 엄마    아니요. 그때는 애기도 그랬고[약하고] 그러니까 시댁의 시어머님께서 오서가지고 2주 해주시고 그러고 가셨어요. 2주 갖고 안 돼가지고 다시 친정으로 또 올라갔죠.

면담자    첫아기라서 기분이 남다르셨을 것 같아요.

상준 엄마    그러게요. 그런 감정이 저는 좀 무뎠었는지 어쨌는지 아니면 병원에 걔가 있으니까 [그런] 감정보다 미안한 것, 그리고 데리고 왔을 때 안도감. 그리고 와서도 그렇게 우유를 잘 먹거나 모유를 먹을 수 있거나 그런 상황이 아니었어 가지고 계속 노심초사였었던 것 같아요.

면담자     아기가 잘 못 먹었었어요?

상준 엄마     거의 우유를 못 먹었어요, 모유 자체도 못 먹었고요. 모유를 짜놨었거든요, 이제 먹이려고. 그런데 모유도 못 먹어가지고 우유를, 분유를 먹였었어요. 그런데 보통은 아이들이 80[ml]부터 시작해서 120, 150, 200 이렇게 쭉쭉쭉 올라가는데 거의 40, 20, 40 어쩌다가 토하고, 계속 조금 먹었다가 토하고. 그래서 돌까지도 계속 그 상태였어요. 돌에 한 120을 먹었으니까. (면담자 : 보통 돌 되면 밥도 먹고 하는데) 네, 밥도 먹고 250 정도 먹더라고요. 둘째를 낳아보니까 돌 되니까 이제 이유식 겸 우유 겸 해가지고 250 정도를 먹더라고요.

면담자     걱정하셨겠어요.

상준 엄마     예, 굉장히. 그러니까 계속 노심초사였어요. 걔는 잘 때도 예민해서 이렇게 눕혀놓으면 자지를 못해요. 거의 제 어깨에 이쪽에 얹혀가지고 계속 저랑 이런 식으로 [안고] 자고. 그래 가지고 신랑이 나 밥 먹으라고 옆에 싹 이렇게 옮겨놓으면 금방 또 울어버리고 이러니까. 계속 그 상태로 힘들었죠.

면담자     걸음마 할 때도 엄마를 엄청 찾았겠네요.

상준 엄마     예, 그때도 제가 계속 끼고 있었죠.

면담자     둘째는 나이 차이가 많이 안 나죠?

상준 엄마     25개월 차이 나요.

면담자     거의 아기 돌보는 상태에서 아기가 생겨가지고 힘들지 않으셨어요?

상준 엄마     그게 너무 미안해요, 상준이한테. 사실은 상준이도 약하잖아요, 약한 데다가 동생이 태어났으니까. 동생 임신했지, 병원왔다 갔다 하면서 안고 업고 이러고 다닐 때 큰 애 취급을 한 거예요, 얘도 애기인데. 그러니까 너무 미안한 게 지금도 계속 남아 있어요, 그때 감정들이.

면담자     둘째 아기는 배 속에 있을 때 많이 힘들지 않으셨어요?

상준 엄마     예, 너무 틀려요. 얘는 딸아이라서 그런지 아니면 둘째라서 그런지 모르겠는데 얘는 입덧도 거의 없었고 크는 성장 속도도 굉장히 빨라 가지고 너무 극과 극이었어요.

면담자     그래도 둘째가 편해서 좀 다행이네요.

상준 엄마     그렇죠. 다행이었다면 다행인데 얘가 여자애다 보니까 손이 많이 가요 사실은. 그래서 그런 것도 있죠.

면담자     아이들은 아기 때부터 둘이 잘 지냈어요?

상준 엄마     예, 둘은 너무 잘 지냈어요. 상준이가 동생을 이뻐했는데 동생이 좀 크다 보니까 감당이 안 됐던 부분이 있죠.

면담자     둘째는 쑥쑥 크는데 첫째는 좀 작은 편이라서 체격 차이 때문에 첫째가 부담스러워할 때도 있었겠어요.

**상준 엄마**      예, 그래서 보면 더 커 보이는 거예요, 작은애가. 어디 데리고 가면 "너 누나니? 네가 누나지?" 그러니까 그것도 좀 그랬는데, 그래도 키는 항상 1, 2센치[센티]는 더 컸어요. 2, 3센치 정도 차이씩은 항상 있었어서 "아이고, 눈에 안 보이게 조금 조금씩 크나 보다. 딸아이는 눈에 보이게 컸고 아들은 살금살금 컸다"고 그래서.

**면담자**      상준이는 언제부터 쑥쑥 컸어요?

**상준 엄마**      키는 계속 그런 식으로 키는 컸어요. 잔병치레는 거의 없었어요, 상준이가. 그리고 두 돌 지날 때부터 한약도 꾸준히 먹였고. 잔병치레는 오히려 딸이 더 많았고 상준이는 없었는데 양을 많이 먹지를 못했어요. 태생이 그래서 그런지 보통은 고등학교 되고 중학교 되면 애들이 통닭도 1인 1닭 한다고 하고 짜장면, 짬뽕도 한 그릇 더 먹고 탕수육, 군만두 먹고 그러는데 얘는 시키는 것도 싫어했고. 집에서 하는 집밥 좋아했어요. (면담자 : 된장찌개 이런 것?) 예, 내가 해주는 된장찌개 좋아했어요.

**면담자**      그러면 상준이 학교 들어갈 때부터는 밥은 적게 먹지만 그래도 건강한 아이였겠네요?

**상준 엄마**      예, 군것질도 거의 안 하는 아이였고. 그냥 딱 밥 한 그릇 주면 한 그릇 또 다 먹는데 내가 많이 먹이고 싶어서 많이 퍼주면 그걸 다 먹지는 않아요. 자기 양이 있어요, 그 양만 딱 먹으면 더는 못 먹고.

면담자     다른 아이들하고는 좀 다른 특별한 아이였던 것 같
아요.

상준 엄마     네 맨날 "유니크[unique]하다"고 그랬어요, 제가. "너는
유니크한 아이다" 그랬는데. 굉장히 깔끔했고, 놀이터 갔다 손발에
모래 묻잖아요. 그럼 다 자기가 욕실 가서 먼저, 내가 "씻어라" 하기
전에 가서 씻고 들어오고 그랬어요.

면담자     상준이는 엄청 깨끗하네요.

상준 엄마     엄청 깨끗했어요. 동생이 오히려 너무 그래서 그거에
스트레스를 좀 받았었어요(웃음). (면담자 : 너무 깔끔해 가지고?) 예,
어릴 때부터 책 읽는 것도 좋았고 책을 읽으면 순서대로 이렇게 이
렇게 꽂아놔야 해요. 꽂아놓고 다 읽은 책은 거꾸로 해놓고 그랬는
데, 동생이 같이 보잖아요. 그걸 무너뜨려 놓는 거예요. 그러면 짜증
내면서 정리를 해요.

면담자     정리를 잘하는 성격은 어머님한테 배운 건가요?

상준 엄마     그런 것 같지는 않아요(웃음). (면담자 : 타고났나 봐요?)
그런가 봐요. "도대체 누구 닮았냐?" 할 정도로.

# 3
## 유치원과 초등학교 시절

면담자     또래 남자애들하고 다르게 깔끔하고 내성적이고 책도

좋아하니까 감수성이 풍부했겠어요. (상준 엄마 : 감수성이 남달랐어요) 소설가가 꿈이었다고 하더라고요.

상준 엄마　　자꾸 이렇게 쓰는데 제가 궁금하잖아요. 그래서 제가 읽고 이러는데 표시를 안 내면 되는데 "이렇게 했는데 잘했더라" 이러니까 그러면 그걸 감춰놓고 안 써요. 그래 가지고 '아차' 싶기도 했다가.

면담자　　글짓기상을 받는다든지 독서반에 가는 등의 활동도 했었나요?

상준 엄마　　상은 아주 '대상' 이런 것, '최우수상' 이런 것은 안 받아 오고 소소하게 받아 오긴 했었어요. '장려상', '우수상' 이런 것, 그런 것들은.

면담자　　상 못 받는 애들도 많은데 재능이 있었나 봐요.

상준 엄마　　아니, 그 시대에, 그때도 그렇지만 최우수상, 대상 아니면 상 같지 않은 약간 그런 것 있지 않나요. 애가 그래서 호기심이 많아서 과학 발명 이런 것들은 많이 참여해서 그런 것들은 받아 오고 그랬어요.

면담자　　상준이가 집에 있으면 "집에 있지 말고 나가서 축구해라" 이러지는 않으셨어요?

상준 엄마　　얘가 구기종목은 별로 안 좋아했어요, 어릴 때부터 검도하고 피아노 가르치고 그래서 그런 것들은 했는데 자전거도 유난히 못 탔고요. 자전거를 계속 사줬거든요, 그런데도 자전거 안 타고 유일하게 좋아했던 게 인라인스케이트 하고 그런 것.

면담자          혼자 하는 운동을 좀 좋아했던 거예요?

상준 엄마       그랬던 것 같아요.

면담자          학교생활 할 때 친구들을 집에 데리고 와서 자주 노는 편이었나요?

상준 엄마       초등학교 저학년 때까지는 많았는데 고학년부터는 그런 것을 안 하더라고요.

면담자          어머님은 집에 계속 계셨어요?

상준 엄마       아뇨, 저는 아이들이 좀 크고 나서 유치원 다녀서부터는 맞벌이를 했어요.

면담자          그러면 아이들 하교하고 어머님 집에 오실 때까지는 둘이서 있었겠네요?

상준 엄마       예, 그때도 그랬죠.

면담자          둘이 사이가 좋아 가지고 다행이네요.

상준 엄마       그러니까요. 좋았는지 안 좋았는지는 모르지만 (웃으며) 제가 있을 때에는 사이가 좋았어요.

면담자          집에 안 계시는 시간에는 첫째 아이가 둘째를 돌봐야 했을 텐데 걱정되지는 않으셨어요?

상준 엄마       걱정은 됐죠. 걱정은 됐는데 학원 갔다가 오는 시간에 맞춰서 조절을 해놨었기 때문에.

면담자　　　상준이의 성격을 느낄 수 있는 에피소드 같은 게 있을까요?

상준 엄마　　성격을 느낄 수 있는? 글쎄요, 주로 따로 이렇게 친구들끼리 놀러 가고 이러지를 않았어서. 거의 놀 때는 제가 쉬는 날 같이 움직이고 이런 거였기 때문에. 그때도 주로 미술관, 박물관 이런 데, 같이 산에 가고 넓은 공원 같은 데 가서 인라인스케이트 타고 이러기도 했고. 스피드 느끼는 것 좋아하고 바람 좋아하고 등산할 때 "이거 봐. 저거 봐. 냄새 맡아봐" 이런 것들 하고. 또 이런 것도 있었죠. 딸하고 저하고 약간 세, 고집부릴 때가 있어요, 딸이. 그러면 저도 그것을 안 받아주려고 하면 아들이 중간에서 어쩔 줄을 몰라 하는 거야. 동생도 자기가 컨트롤이 안 되고 엄마는 엄마대로 딱 저렇게 가버리고. 그래서 저가 딸을 놔두고 막 걸어가면 아들이 따라오다가 동생이 계속 [마음에] 걸리는 거야. 그래서 따라가서 "가자. 가자" 하면 동생도 고집불통이라 안 가는 거예요. 애가 막 어쩔 줄 몰라. 그래서 딸 고집 고치려다가 아들이 너무 안쓰러워서 아들 데리고 가려 하다가 얘[둘째 아이] 고집을 못 고쳤었어요, 아들이 너무 안쓰러워 가지고.

면담자　　　아들은 평화주의자고 싸움을 못 견디는 성격이네요.

상준 엄마　　못 견딘다기보다 여리니까, 여리니까 엄마도 자기가 눈치를 보고 동생 눈치도 보고 이러다 보니 어쩔 줄을, 둘 다 어떻게 안 되니까.

면담자    보통 오빠들은 여동생 괴롭히기도 하잖아요. 그런 일은 없었어요?

상준 엄마    없었어요, 괴롭히는 것은 없었어요. 오히려 "손 씻고 와, 발 씻고 와" 아니면 저보고 "그렇게 하면 동생 성격 나빠진다"고 "받아주지 말라"고 그런 것들도 있었고.

면담자    어릴 때부터 어른스러운 면이 있었겠어요.

상준 엄마    굉장히 어른스러웠어요. 유치원생이나 이러면 문구점 같은 데, 그때는 애들이 문구점에 자주 놀러 가잖아요. 눈높이에 있는 장난감, 불량 식품 이런 것 사 먹잖아요. 절대 안 사 먹어요, 누가 사 먹지 말라는 소리도 안 했는데 안 사 먹어요. 동생이 그걸 사 먹으면 "그런 거 사 먹지 말라"고 훈계해요, "왜 그런 걸 먹냐"고.

면담자    그런 일로 친구들하고 투닥거리기도 했겠어요.

상준 엄마    친구들하고 투닥거리는 것은 못 봤어요. 그러면 그때는 좀 따라가는지 그런 건 안 사 먹는 것 같아요. 친구들하고 먹을 때도 애들이 하나씩 하는데도 안 먹었어요.

면담자    엄마한테 불량 식품 사달라고 조르는 일은 아예 없었겠어요.

상준 엄마    아예 없었어요. 그런 것 하겠다고 달라고, 이제 용돈을 주면 그대로 다 저금이 되는 아이예요. 고대로 되고 그걸로 서점 가서 책 사고.

면담자    상준이가 제일 좋아하는 책 장르는 뭐예요?

상준 엄마 강지은

상준 엄마      어릴 때는 엄마들이 보통 전집으로 사주는 것들을 사
잖아요. 그래서 동화책은, 사실은 어릴 때 태교 때부터 제가 책 읽는
것을 해줬어요. 그래서 태교 때부터 그리고 유치원 때도 자기 전에
2, 30권은 기본으로 읽었어요. 침대 양쪽[에] 아이들 눕혀놓고 하다가
목이 갈라지고 아플 정도로, 배가 아플 정도로 읽어주고, 그 정도로
읽어줬었거든요. 잠들면 2, 30권 침대 옆에 있고. 그리고 놀 때도 책
으로 집짓기 놀이 하고 계단 쌓아서 올라가서 놀기도 하고 그랬었거
든요. 『WHY?』 책도 좋아했고, 커서 『삼국지』도 좋아했고, 나중에
는 판타지 이런 것도 좋아하고 장르는 가리지 않았던 것 같아요.

면담자      집에 책이 정말 많았겠어요.

상준 엄마      책은 진짜 많았어요. 근데 보통 안 읽잖아요, 이렇게
보면. 그런데 상준이는 읽고, 보통 한 번 읽은 책은 잘 안 보는 경향
이 [있잖아요], 동화책 같은 것 빼고. 그런데 애는 몇 번씩 읽었어요,
몇 번씩 읽고.

면담자      그러면 말문도 좀 빨리 트였었나요?

상준 엄마      말문도 빨랐고 글 깨우치는 것도 빨랐고 다 빨랐어요.

면담자      학교 들어가기 전부터 읽고 쓰는 것 했었어요? (상준
엄마 : 예) 진짜 빨랐네요.

상준 엄마      빠른 걸 몰랐는데 동생을 가르쳐보니까 진짜 빨랐더
라고요(웃음).

면담자      동생은 학교 들어가서 배웠어요?

상준 엄마    아뇨, 그러지는 않았어요. 제가 벽에다가 붙여놓고 놀이도 하고, 이렇게 올려주고 이런 것들 붙여갖고도 하고 열성적이게 했었어요, 오감놀이도 집에서 다 하고.

면담자    어머님이 아이들 교육에 관심이 많으셨나 봐요.

상준 엄마    관심이, 그때도 애들을 좋아했다고 했잖아요. 낳았는데 놀 게 없는 거예요. 아이들이 유치원 갔다 오면, 애들이 오후 시간이 꽤 길잖아요. 그런데 가만히 있기가 내가 좀 그런 거예요. 같이 인절미 삶아서 절구에다 찧어갖고 떡 만들기, 밀가루 반죽 놀이, 요즘 TV에 많이 나오는 두부 같은 것도 만져보기도 하고 물감 벽에 찍기도 하고.

면담자    그렇게 해서 노는 방법이 있다는 것을 어머님은 어떻게 알고 계셨어요?

상준 엄마    그때도 육아에 대한 것들은 많이 매체에서 나오니까 스케치북에 해갖고 그림 그리는 것 해가지고. 그때는 아파트가 복도식이었거든요, 그래서 아이들 그림 복도에다 쫙 붙여갖고 전시회도 하고.

면담자    오후 시간에 아이들은 어머님이랑 노는 게 너무 재미있었겠어요.

상준 엄마    거의 저랑 놀았던 것 같아요.

## 4

## 학교생활과 교우 관계

면담자     사춘기가 오면 아이들이 밖으로 나가기 시작하잖아
요, 상준이는 사춘기가 올 때 어땠나요?

상준 엄마     사춘기가 온 듯, 안 온 듯 그렇게 있었어요. 그러니까
애는 책 읽는 것 계속 좋아하니까 자기 방에서 책 읽고 조용하고 음
악 듣고 그리고 있었거든요. 그래서 어떨 때는 문밖에서 '뭐 하고 있
나' 이렇게 보기도 하고 살금 문 열어보기도 하고, "왜" 이러는 그때
가 사춘기였던 것 같아요. "왜 막 이렇게 왜 열어보냐"고 그럴 때, 그
때가 사춘기였던 것 같아요.

면담자     그때가 중학생 때예요?

상준 엄마     예, 중학교 때였죠.

면담자     반에 좋아하는 여학생이 있다든지 이런 이야기는 안
해요?

상준 엄마     안 해요, 안 해요. 없대요. 그래서 "너 여자 친구 없
어?" 그러면 없대요. "나를 누가 좋아해?" 그래요. 그래서 "아니, 너
는 왜 그렇게 자존감이 없어" 그랬는데 그때가 애가 곱슬머리예요,
완전 곱슬머리예요. 그래서 중학교 때부터 매달 한 번 정도는 가서
매직으로 파마를 했어야 돼요. 그러다 보니까 머릿결이 다 타오르기
도 하고 한 4시간씩 앉아 있다 보니까 굉장히 힘들어요, 그 과정이.
그래서 그런 것을 하면서 거울 보는 것 자꾸 머리 신경 쓰고. 평상시

에 모자 쓰는 것 되게 즐겨 하거든요, 머리 때문에. 그러면서 그것 때문에 스트레스도 많이 받아 했고.

면담자    원래 수줍음이 있는 아이인데 머리 때문에 스트레스를 받았겠어요.

상준 엄마    그래서 저는 친구가 없는 줄 알았어요. 그래서 선생님한테 가서 물어보고 하니까 그 무리가 여덟 명 정도 있다고 하더라고요. 그래서 '다행이다, 없는 줄 알았는데'. "누구누구 있는지 얘기 좀 해주면 안 되겠니?" 이러면 "그거 알아서 뭐 해" 이랬을 때가 사춘기였던 것 같아요.

면담자    그러네요. 반에서 여덟 명이나 무리가 있는 정도면, 반에 있는 남학생 중에 반절은 상준이 친구겠네요.

상준 엄마    예, 그래서 걱정은 크게 했었다가 안심을 했었죠. 워낙에 안 데려오고 이러니까. 봤을 때 몇 번 데려왔는데 그건 것 같아요. 엄마, 아빠가 맞벌이하고 청소 이렇게 해야 하는데 어지르는 게 싫었던 것 같아요, 내가 생각하기에. 물어봐서 상준이가 대답한 것은 아닌데 그랬던 것 같아요.

면담자    동생은 친구들을 좀 데리고 오는 편이었어요?

상준 엄마    예. 그러니까 그것도 못 견뎌했어요. (면담자 : 와서 어지럽히니까?) 예, "니 방에서만 놀아라"고 그런 것 있었어요.

면담자    방 정리는 알아서 잘했겠어요.

상준 엄마    예, 걔 방이 유일하게 깨끗했어요(웃음).

면담자　　　맞벌이를 하시니까 집안일도 도와주는 편인가요?

상준 엄마　　　집안일은 딱히 뭔가를 한다는 게 아니라 어질러놓지를 않았어요. 자기가 한 것, 하다못해 설거지도 내놓는 게 없이, 그 정도는.

면담자　　　중학교 들어가면 급식하니까 점심 먹는 것은 걱정 없으셨겠어요.

상준 엄마　　　예, 그런데 급식도 에피소드가 있어요. 초등학교 때 수요일이 잔반 없는 날이라고 다 먹어야 되는 거예요. 그런데 얘는 못 먹는 것은 죽어도 못 먹어요, 진짜. 그런데 그것을 이해해 주는 선생님이 있는 반면에 못 하시는 선생님들이 그때도 계셨거든요. 억지로 먹게 해야 되는 날이 수요일인 거예요. 그러면 끝까지 남아 있는 거예요, 얘가 그거를 못 먹어서. 그러면 어떤 선생님은 너무 불쌍하니까 "그냥 가라" 이런 선생님이 있는 반면에 어떤 선생님은 억지로 먹게까지 하는 선생님이 계셔가지고. 안 받을 수가 없대요, 그것을. "못 먹으니까 주지 마"를 했는데도 강제로 주는 것들이 있어서 그런 것들도 힘들어했었어요.

면담자　　　상준이는 못 먹는 음식이 뭐예요?

상준 엄마　　　김치 같은 것도 어떤 것은 먹는데 어떤 것은 또 못 먹는 게 있어요. 젓갈같이 향이 강하다거나 너무 익었거나 이런 것들은 안 먹는 경향이 있었고. 인스턴트 음식은 거의 즐기는 편은 아니었어요, 거의 안 먹었어요. 조금 더 커서 맞벌이하고 조금 더 시간들이 늦어지는 날들이 있으면 동생이 오빠를 꼬셔요. 왜냐하면 용돈이, 현금으로 가지고 있는 게 오빠니까. 자기는 용돈을 줘도 다 써버리고 모자라니까 오빠한테 "오빠 이거 먹자. 오늘 치킨 먹을래? 치킨 먹고 싶지?" 이렇게 해가지고 자기 용돈으로 또 사주고, 그렇게 한 끼 먹고 그래서.

면담자　　　항상 날씬했겠어요.

상준 엄마　　　말랐죠, 엄청 말랐었어요. 뼈만 남았어요. "엑스레이가 필요 없겠다" 정도로 여기 갈비뼈 다 보이고 그 안의 혈관까지 다 보일 정도였으니까.

면담자　　　근데 억지로 먹일 수가 없어 가지고.

상준 엄마　　　억지로 못 먹였어요. 그래서 계속 식욕 돋게 한약을 먹이고 이래도 안 되더라고요.

면담자　　　그래도 키가 크네요.

상준 엄마　　　그러게요, 그러니까 키는 살곰살곰 컸어요 걔가(웃음).

면담자　　　고등학교 처음 들어가면 교복 맞출 때 남자애들은 키클 것 생각해서 크게 맞추잖아요. 그럴 때 상준이는?

상준 엄마　　　그냥 핏[fit] 되게 했죠, 허리도 거의 없었거든요. 너무 안쓰러웠어요, 그때는. 엄마 마음이 그게 제일 짠하거든요. 잘 먹고 살 좀 통통하게 찌는 게 엄마한테도 되게 뿌듯한데 그게 계속 없었죠.

상준 엄마 강지은

면담자     그래도 제일 좋아하는 음식 같은 게 있었나요?

상준 엄마     그러니까 그게 집에서 해주는, 내가 해주는 밥이에요.
(면담자 : 집밥이요?) 응, 응. 된장도 슈퍼에서, 마켓에서 파는 것 말고
어디 집 된장 같은 것. 시어머니가 담아주신 거라든가 아니면 시골
된장 어디서 사 온 것, 그런 걸 귀신같이 알아요. 되게 맛있게 잘 먹
어요. 미식가예요. 걔가 한 입 먹어보고 "맛있다"고 하는 건 맛있는
거예요.

면담자     그럼 어디 외식할 때도 맛집만 찾아가겠어요.

상준 엄마     맛집만 찾아가면 좋은데 그것도 싫어한 게, 걔가 줄 서
있거나 아니면 냄새를 미리 맡아버리면 맛을, 못 먹어요. 그래서 그런
것들은 차[로] 멀리되[멀기도] 해서 시간 걸리면 못 가는 것도 있고.

## 5
## 가족관계에 대해서

면담자     아무래도 첫째 아이가 예민한 편이면 첫째 아이한테
맞추게 되잖아요. 그래서 동생이 불만이 있지는 않았나요?

상준 엄마     걔는 다 좋아하니까 그런 것은 없었어요(웃음). 그런
것은 있죠, "엄마는 오빠만 좋아해" 그래요. 그런데 상준이는 "엄마
는 왜 쟤만 좋아해?" 그러는 게 있었거든요. 그러면서 맨날 서로 "누
가[누구를] 더 좋아해?" 이런 얘기를 했었어요.

면담자        그럴 때 어떻게 하셨어요?

상준 엄마      그러니까 곤란해요(웃음). 곤란한데 제 하는 말이 상
준이한테는 "세상에서 니가 제일 좋아" 하고 그러고. 그러면 딸이 또
서운하잖아요, 그러면 "너는 세상에서 가장 좋아" 그러고. "그건 답
이 아니잖아" 그래요. 그러면 어떡하라는 거야, 저는 둘 다 좋은데.
그래도 신경은 첫째한테 가긴 했었어요. 왜냐하면 무난하지가 않으
니까, 예민하니까.

면담자        가족들끼리 방학 때 여행도 다니는 편이었나요?

상준 엄마      1년에 한 번은 최소한 가려고 했어요. 그러면 여행다
운 여행은 1년에 한 번이고, 친척들하고 같이 시골 어디 가서 계곡
같은 데서 묵고 오고 그런 것들도 있고 그런 것은….

면담자        명절마다 상주에 가셨겠네요?

상준 엄마      아뇨. 상주에는, 신혼 때는 [시어른이] 상주에 계셨고
[나중에] 안양으로 올라오셨어요. 거기가 아주버님 계신 옆 동으로
아파트로 오셔가지고 안양으로 가셨죠.

면담자        안양으로 가셨군요. 상준이는 명절을 좋아하는 편이
었어요?

상준 엄마      아니요. 왜냐면 큰집의 아이들이 우리보다 더 어려요.
그러니까 예전 같았으면 그런 게 따지고 예민한데 요즘에는 그런 것
안 따지고 나이순으로 하다 보니까 그게 동생들이죠. 동생들이 상준
이를 너무 좋아해요. 계속 "놀아달라"고 귀찮게 하니까 집에서는 조

용하게 혼자 잘 지내다가 거기만 가면 이렇게 하니까 피곤해요. "엄마 애들이 막 따라와서 계속 놀자고 그래" 그래 갖고 스트레스받아 했었어요, 너무 좋아해 가지고.

**면담자**    명절에 친척들이 모이면 책을 못 보는 것도 스트레스였겠네요.

**상준 엄마**    애기 때부터 어디 갈 때 네다섯 권 본인이 들고 갔어요, 차에서도 읽고 거기 가서도 읽고.

**면담자**    차에서 멀미 날 텐데도 책을 읽었네요.

**상준 엄마**    멀미 나니까 책을, 근데 그게 길지는 않아요, 자야 돼요. 멀미가 나니까 자버려요.

## 6
### 고등학교 생활과 진로 고민

**면담자**    고등학교 들어가서 동아리 활동은 안 했나요?

**상준 엄마**    예, 특별하게 하지는 않고 그중에 남아 있는 것들을 하더라고요. 그때도 약간 사춘기가 왔던 것 같아요, 왜냐하면 고민이 많았었던 것 같아요. '장래에 뭘 해야 되나' 이런 것들이, 고민을 했는데 자기가 꿈이 특별하게 없었어요. "나 뭐가 될 거야" 이게 아니고 "엄마, 나는 평범하게 사는 게 제일 좋아" 그러면서 한 게 공무원이었어요. 공무원이라고 꿈이라고 하는 저기는 없는 거죠, 그냥 장래의 직업이니까. "무난 무난하게 큰 탈 없이 사는 게 좋아" 이러면서 공무원 하겠다고 그랬거든요. 그래서 그때도 참 제가 잘못된게 "그래, 그것도 좋지. 공무원이 만빵이지" (웃으며) 그랬죠.

면담자   왜 잘못이라고 생각하세요?

상준 엄마   아니, 꿈이라는 건 그래요, 부모가 많이 보고 듣고 새로운 환경도 접하게 해주고 그랬어야 되는데 맞벌이를 하다 보니 그게 너무 한정이 되어 있던 거예요. 우리가 시간이 나는 여건하에서 해줄 수 있어야 되고. 그리고 또 우리가 가진 인맥이나 이런 것들이 넓거나 그러면 애의 시야를 좀 더 넓게 해줄 수 있어야 됐는데 그러지 못했다는 후회도 있죠.

면담자   소설 쓰는 것을 좋아했는데 소설가가 되고 싶어 하지는 않았네요.

상준 엄마   그러니까요. 그런 이야기도 했었어요 "두 가지 직업을 갖고 있는 것도 좋겠다. 꼭 직업이 아니어도 니가 가지고 있는 [재능을 발휘할 수 있는 일이]". 그래서 사실 피아노도 가르쳤던 게 남자애들이 감성적으로 메마르잖아요, 나이가 들어서도 '악기 정도는 하나 정도 하고 있으면 나중에 힘들더라도 자기가 할 수 있겠다' 싶어서 피아노를 어릴 때부터 가르쳤던 거고. (눈물을 훔치며) [눈물이] 벌써 나네(침묵). 소설가는 언제든지 다른 것을 할 수 있어도 쓸 수 있는 거니까 글은.

면담자   피아노 잘 쳤겠어요.

상준 엄마      너무 일찍 시켰어요(웃음). (면담자 : 몇 살 때부터?) 6살 후반부터 시켰는데 애가 약했잖아요. 건반 누르는 힘이 안 가는 거예요. 이[손가락] 끝에가 아토피도 있었거든요. 그래서 이 끝에가 다 피가 날 정도였어요. 그러다 보니까 아프니까 실력도 안 늘기도 했고. 그래서 초등학교 2학년 때까지인가 하고는 안 했어요.

면담자      학원 갈 때 좀 힘들어했겠어요.

상준 엄마      힘들어했어요. 강요하지는 않았는데 "그만둘래?" 했는데 [계속]했던 게 거기가 피아노 끝나고 나면 미술을 했었어요. 그림 그리는 것도 좋아했거든요. 그러다 보니까 "굳이 안 해도 돼" 하는데, 하면 하고 오기도 하고 그랬더라고요.

면담자      그림 그리는 것도 좋아했나 봐요.

상준 엄마      예, 그림 그리는 것도 좋아하고 나중에 또 바둑도 배워보고 싶다고 해서 바둑도 배우고.

면담자      바둑은 몇 학년 때 한 거예요?

상준 엄마      초등학교 3학년, 4학년 때 했던 것 같아요.

면담자      바둑을 어디서 하는 걸 보고 하고 싶다고 한 건가요?

상준 엄마      그때가 만화책이 되게 유행했었어요. 바둑 두는 것, 그리고 뭐죠, 체크메이트 하는 것. 체스 하는 것도 좋아하고 바둑 배우면서 체스는 본인이 깨치더라고요. (면담자 : 원리가 같은가 봐요) 그런가 봐요.

면담자       보통 앉아서 궁리하면서 하는 걸 좋아하나 봐요.

상준 엄마     예, 예. 손으로 만지작거리는 것도 되게 좋아했어요.
레고 같은 블록도 되게 잘 만들고 설계도 없이도 잘 만들기도 하고
그랬어요.

면담자       내성적인 아이인데, 고등학교 생활하면서 친구 관계
는 어땠어요?

상준 엄마     고등학교 때는 많지는 않았던 것 같아요. 뭐라 할까,
이쪽의 선부중학교 다니다가 단원고를 갔는데 단원고가 단원중에서
올라온 애들이 거의 다예요. 그래서 몇 명이 없었어요, 선부중에서
올라간 아이들은. 그래서 그렇기도 했고.

면담자       친구를 아예 새로 사귀어야 해서 힘들었겠어요. (상준
엄마 : 그랬을 거예요) 고등학교 들어가서도 어머님과의 사이는 평소
와 비슷했어요? 사춘기가 와가지고 더 방에 있다든지.

상준 엄마     말수가 점점 더 없어지는 거죠. 그런데 제가 아침에도
데려다주고 오후에 야자 끝나고도 데리고 오고. 픽업을 했었으니까
그 시간에 이야기를 하는데 말을 걸면 "어, 어" 이런 거나 단답형의
말투만 있었죠. 어쩌다 기분 좋으면 몇 마디 더 하고. (면담자 : 아이
돌 얘기를 한다든지?) 그런 것은 없었어요, 아이돌이 좋고 이런 것은
없었고.

면담자       학교생활은 즐겁게 하는 편이었어요?

상준 엄마     초기였잖아요, 그때가 초기여서 그나마 선생님 보고,

총회를 하고 선생님 보고 했는데 선생님이 신뢰가 갔었어요. 신뢰가 갔었는데 자기, 상준이가 "이번 선생님은 마음에 든다"고 "1학년 때 선생님도 좋으셨는데 2학년 때도 다행히 좋은 선생님이 돼가지고 다행이다" 그러고 있었죠.

면담자    고등학교에서도 급식 먹느라고 고생을 했겠어요.

상준 엄마    고등학교 정도 되면 자기가 먹을 것 안 먹을 거 적당량을 받았기도 하고 그러니까 급식하고는 크게, 기대치도 낮았고요(웃음). 급식에 대한 기대치도 낮았고.

면담자    잘하는 과목은 역시 언어 쪽인가요?

상준 엄마    아뇨, 얘는 수학. 수학을 잘했어요.

면담자    책을 많이 읽어서 저는 당연히 언어를 잘할 줄 알았는데 수학도 잘하는 편이네요? (상준 엄마 : 예, 수학은) 공부를 잘했나 봐요.

상준 엄마    아뇨, 잘하지는 않았어요(웃음). 왜냐하면 학원을 중학교 때는 영어, 수학 하고 고등학교 가면 영어, 수학에 또 심화반 이렇게 들어가잖아요. 그렇게 들어가는데 얘는 한 가지씩밖에 안 했어요, 영어, 수학 이렇게밖에. 그래서 했는데 안 보낸 것치고는 그래도 곧잘. 수학 같은 경우는 거의 만점으로 나왔으니까. 그런데 다른 것들은 딸리죠.

면담자    수학 잘하는 아이들이 좀 영특한 경우가 있어 가지고.

상준 엄마    영특은 했어요. 공부 쪽으로 막 하기보다 지혜롭다고,

그러나 약간 현명하다 그럴까 그런 쪽으로 그랬던 것 같아요.

면담자     고등학교 때도 집에 있을 때 책 많이 읽었나요?

상준 엄마     고등학교 때는 핸드폰, 주로 활자보다는 핸드폰으로
전자책 많이 보기도 하고 그랬죠.

면담자     어머님이랑 같이 도서관도 갔었나요?

상준 엄마     고등학교 때는 거의 못 갔어요, 중학교 때까지는 우리
가 도서관을 같이 다녔어요. 같이 가고 대여해 올 때도 보통 한 사람
당 5권씩 되니까 아빠 것까지 해가지고 20권씩 빌려와서 같이 읽고
그랬거든요. (면담자 : 1000권 넘게 읽었겠어요) 1000권은 훨씬 넘을
것 같아요. (면담자 : 대단한 아이네요) 글쎄요, 대단하기보다 책을 좋
아했어요.


# 7
## 참사 직후부터 아이를 다시 만날 때까지


면담자     내성적인 편이라 수학여행 가는 걸 별로 안 좋아했을
것 같아요.

상준 엄마     안 좋아했어요. 특히 이번에는 안 가려고 했었어요,
애가.

면담자     가봤자 별로 기대되는 게 없다는 건가요?

상준 엄마     그게 아니고, 애가 멀미가 심하다고 했잖아요. 그러니까 저는 신청을 비행기로 가서 비행기로 오는 것을 했어요. "그거 뭐라고 배 타고 애들을 하루 종일 그 고생을 시키나. 그냥 비행기로 갔다가 비행기로 오지" 그랬거든요. 그렇게 해갖고 보냈음에도 불구하고 그게 다시 바뀌었다고. 갈 때 확정된 것을 갖고 와서 "왜 이렇게 됐어?" 그랬더니 "몰라, 나도" 그러는 거예요. 선배들도 이야기했고 선생님들도 이야기했는데, 와서 "배에서 폭죽놀이도 하고 재미있다"고 "그렇게 결정이 됐다"라고 얘기를 하더라고요. 그래서 '아우, 클났다' 속으로. (면담자 : 멀미가 심한데) 예, 잠깐 유람선 10분, 15분 타는 것들도 힘들었거든요. 그래 가지고 "큰일 났다, 이제 멀미약 붙이고 먹고 해야겠다" 그런 생각이 들고.

면담자     이제 수학여행 당일 이야기를 여쭤보려고 하는데요. 전날 짐도 싸고, 준비도 해야 되잖아요. 짐 싸면서 아이와 어떤 얘기를 주로 나누셨어요?

상준 엄마     그 전날 "안 가고 싶다"는 소리를 되게 많이 했어요. 애가 한 번 결정 나면 거기에 대해서 두 번째, 세 번째 말을 하는 아이는 아니에요. 가면 가는 거고 말면 말고 딱 끝나는 건데 수학여행 때는 그 전날 짐 싸면서 "가기 싫다"를 짐 싸다가 저녁 먹다가 네 번을 했어요. 그래서 그때도 심각하게 신랑하고 이야기를 했죠. "애가 너무 가기 싫어한다, 보내기 싫다 나도" 그런데 그 이야기를 한 거죠, 신랑이. "애들 다 수학여행 가가지고, 갔다 와서 또 즐겁게 이야기하고 그럴 때 얘만 그거 안 가면 어떻게 되냐"고 그래서 딴에는 또 그렇더라고요. 애들 수학여행 다 갔는데 학교 가 있기도, 혼자 가 있는 것도 또 맘에 걸리고. 그래서 "정 가기 싫어?" 이렇게 했는데 "그렇다"고 해서 정말 어떻게 할지 고민 많았어요. "가보는 게 어떨까. 애들 갔다 오면 그렇게 즐거워할 텐데 추억 같이 쌓는 게 좋지 않을까?" 하면서 보냈었죠.

**면담자**  당일 날은 아침에 일찍 출발했나요?

**상준 엄마**  그날도 짐이 있으니까, 트렁크 있으니까 제가 데려다줬어요. 태우고 갔는데, 교문 앞에 내려주고 항상 "사랑해. 오늘 좋은 하루 보내고" 이것[이런 말]도 하고 그러는데 그날은 뭐가 그렇게 바빴는지 "어, 들어가. 어 가" 이러고 그냥 가버린 거예요. (울먹이며) 다른 날은 그렇게 하는데 그날은 뭐가 그렇게 바쁜 것도 없었는데. 그렇게 그 [캐리어] 끌고 올라가는데 그날따라 되게 말라 보이고 힘겨워 보이는 거예요, 그게 "내가 끌어다 주고 싶다" 이럴 정도로 힘겨워 보였어요(울음).

**면담자**  아이 데려다주고 어머님은 일터로 가셨겠죠?

**상준 엄마**  (한숨을 내쉬며) 그날은 진짜 희한한 게 그날 제가 모임이 있었어요. 저녁에 약속이 있었는데 마음이 너무 불안한 거예요. 그래서 "몸이 아파서 못 가겠다"고 취소를 했어요. 그런데 너무 안정이 안 되고 집에도 못 가겠고 막 배회를 했어요, 제가. 그날은 안산에도 안개가 심했거든요. 그런데 모르겠어요, 진짜 불안했었어요, 그때도. 그래서 모임도 안 가고 집에 가 있는데 그렇게 안정이 안 되더라고요, 잠도 못 자고.

면담자 그때 따로 드는 생각이 있으셨던 건가요?

상준 엄마 아니요, 없었어요.

면담자 집에 있다가 소식을 들으셨겠네요?

상준 엄마 아니죠, 그다음 날 아침에 받았으니까 회사에 있을 때 연락을 받았죠.

면담자 그때 소식은 누구한테 받으셨어요?

상준 엄마 일단 뉴스, 네이버에서 검색이 되었을 때 그때 봤고 문자 왔고…. 그래서 남편한테 급하게 전화했는데 남편도 "빨리 학교로 오라"고 그래서 학교로 갔죠. 이게 너무 떨려갖고 안 되는 거에요. 근데 택시 타고 가려고 하는데 직장 언니들이 "안 된다고 뭔가 급하게 움직여야 [된다]"[고 해서], 차가 있어야 될 것 같더라고요. 그래서 너무 [떨려서] 겨우겨우 [운전]해 갖고 학교로 갔죠.

면담자 학교 가셨을 때는 다른 학부모님들 많이 와 계셨죠?

상준 엄마 그렇죠, 다 오고 있는 와중이었죠.

면담자 그때 상황을 기억나시는 대로 말씀해 주실 수 있으세요?

상준 엄마 차를 가지고 왔으니 올라갔죠, 교실로 올라갔는데 난리가 난 거죠. 근데 너무 이상한 게 보도진들이 그렇게 와 있었어요, 먼저. 이해가 안 되잖아요. 안산이고 우리 부모들도 연락받자마자 뛰어왔는데 벌써 보도진들이 카메라다 뭐다 다 와 있는 거예요. 근데 '이상하다'라고 생각하면서도 거기에 결을 쓸게 없었던 거예요. 그래 가지고 행정실 이런 데 쫓아가고 누구 하나 어떻게 됐다고 할 수 있는 상황도 아니었고. 근데 "강당으로 가라"고, 교실에서 그러고 있는데 "강당으로 가라"는 소리를 들었죠. 강당으로 갔는데 "단원고 학생들은 다 안전하다"고 그렇게 할 때 이상한 거예요. 바로 그게 자막에 뉴스에 이렇게 뜨는데 "단원고 측, 단원고 측에서 학생 전원 구조, 안전하다" 이렇게 떠버리는 거예요. "이상하다" 하는데 한 분이 막 소리를 치는 거죠 "저게 뭐냐"고 "단원고 측에서 얘기한 게 누구냐. 그 사람 데리고 오라"고 "확실한 대답을 듣자" 이런 얘기들이 있었죠.

면담자    그러고서 다른 부모님들과 같이 내려가신 건가요?

상준 엄마    예. "바로 현장으로 가자, 애들이 그쪽으로 온다고 하니까, 진도로 온다고 하니까 어서 가자" 이러니까 학교에서, 시에서 "차를 마련할 테니까 그걸 타고 가시면 된다"고 그래서 마련한 것…. 첫 번째 차에 저희가 타서 내려갔는데 (면담자 : 아버님이랑 두 분이서) 예, 근데 시간을 계속 끄는 거예요. 학교 앞에서도 시간을 끌고 예술의 전당 가기 전에 그 앞에서 또 시간 굉장히 오래 서 있기도 하고. "왜 자꾸 이러고 있냐, 한시가 급한데" 그랬더니 "뒤에 부모님들하고 같이 가야 한다" 이런 얘기들을 하기도 하고 그래서 "무슨 소리냐. 빨리 준비된 차들부터 빨리 가야 되지" 그러는데 거기서도 시간 끌지 목포IC[나들목] 나가서도 시간 끌고…. 진도체육관 가고 그렇게 된 거죠. 밤늦게나 도착했어요, 그때는 진짜 눈물밖에 안 났어요. 가슴은 계속 불안해하고 뛰고, 어떻게 할 수 없을 정도로 빨리 뛰고⋯. 그런데 전쟁터였어요, 그 버스 안이. 왜냐하면 누구는 "연락했다, 살았다 연락 왔다" 이러고⋯. 뒤 행정실 직원들이랑 선생님 한 분이 타고 있었거든요. 그 안에서 부모들이 "어떻게 할 거냐고, 살려내 놓으라"고 하기도 하고 "우리 애 살았냐고 확인해 보라"고 전화하고, 아수라장이었어요, 그 몇 시간 동안. "누구한테 카톡 왔단다"라는 소리에 서로 "누구냐?"고 "몇 반이냐?"고 그렇게 서로 전화하고 "아니란다" 이러기도 하고⋯. 하여튼 몇 시간 동안도 그 안에서도 그런 상황들이 계속 있었죠.

면담자　　어머님도 전화해 보셨나요?

상준 엄마　　저도 하는 데가 행정실이나 아니면 이런 데고. 하다가 정 안 되니까 "경찰서에 있는 사람한테 해봐라", "여기서는 안 된단다" 뭐 어떤다, 친척들한테도 전화하고 그랬었죠.

면담자　　아이랑은 연락이 안 됐어요?

상준 엄마　　안 됐었어요. 전원이 바로 아이한테 먼저 했죠, 소식 딱 접하자마자. 그런데 전원이 꺼져 있더라고요. 그래서 담임선생님이 그다음에 바로 생각나서 담임한테 하고, 그런데 담임도 안 되고. 그리고 비상연락처 있는 곳에다 해봤는데도 안 되는 거예요, 다 안 되는 거예요. 그래서 그 같이 타고 계신 분들밖에 더 잡을 데가 없으니까 "어떻게 되는 거냐"고 "소식 좀 바로바로 해달라"고 그랬죠.

면담자　　진도 내려가셔서는 거기에 계속 계셨던 건가요?

상준 엄마   아니요. 진도는 명단만 확인하고는 바로 팽목으로 갔어요, 그길로 바로. "팽목으로 온다"는, "애기들이 온다"는 소식 들어가지고 거기로 갔는데 아무것도 없는 거죠. 깜깜한 칠흑 같은 밤이었는데 아무것도 없는 거였죠.

면담자   거기서 한 보름 정도 계속 계셨던 거죠? (상준 엄마 : 그렇죠) 아이를 다시 만나신 날이 4월 30일이고요. 기록을 남기는 차원에서 아이를 다시 만나던 날 아침부터 여쭤보려고 해요. 혹시 그 전날 밤에 꾸신 꿈이 있나요?

상준 엄마   아니요. 그 전날에, 일들이 매일매일이 많았었는데 그 전날에 무슨 일이 있었냐면 그 이틀 전에 8반 아이가 나왔었는데, 상준이하고 같은 배 [호실] 안에서 배정된 아이를 꺼낸 잠수사가 얘기를, "걔 꺼내올 때 그 안에 두 명의 아이가 더 있는 것을 봤다"라는 얘기를 아빠가 들은 거예요. 근데 그다음 날 그 두 명을 데리고 와야 하는데 그날, 그다음 날 거기를 수색을 안 하는 거예요. 그래서 상황실에 가서 애 아빠가 뭐라고 하고 그래서, 너무 속상하니까 애기 아빠가 그날 진짜 술이 완전 너무 만취할 정도로 먹고⋯. 그러고 저는 그 전날 팽목에서 스님이 기도해 주시는, 스님들이 부스를 하나 하셔서 계신 곳이 있었어요, 등대 앞쪽으로. 제가 그래도 불교를 믿고 있으니까 가서 계속 절을 했어요. 제 새끼만 꺼내달라고 할 수 없으니까 "한 명, 한 명 구해달라"고 하면서 절을 계속했어요. 몇 시간이 되었는지도 모르겠어요. 그러니까 스님들이 6시면 원래 들어가시는 건데 스님들도 계속 같이해 주고 계시더라고요. 그러더니 몇 분이

가시고 끝에 한 분이 계속해 주시고. 그러시다가 일어서지를 못하겠는 거예요, 더 이상은. 그러다 보니까 스님이 이렇게 하시면서 "이제 올 거예요, 올 거예요" 그러면서, 그래서 스님도 가셔야 될 것 같아서 옆으로 나왔죠. 나와가지고 [스님이] 가시는데 [저는] 도저히 발걸음이 안 떨어지는 거예요. 거기에서 계속 그때부터 상준이 이름만 불렀어요(울음).

그랬더니 애기 아빠가 제가 없어졌으니까 몇 시간 동안 나 찾느라고 난리가 났었나 봐요. 전화가 되는지도 몰랐거든요. 애기 아빠가 "빨리 오라고 어디 있냐"고 몇 시간 동안 안 보이니까 다른 생각하는 줄 알고 그랬나 봐요. 상준이 부르면서 계속 그러는데 뭔가가 느낌이 왔어요, 뭔가가 올 것만 같았어요. 그날 밤에 새벽에 연락이 온 거죠. 저는 전화받고 그러는데 애기 아빠는 먼저 전화를 받았나 봐요. 안 깨우고 혼자 세수를 하고 정신을 차리려고 막 그러고. 나는 연락받고 [남편이] 없으니까 찾으러 가니까 그거 씻고 나오고 그러고 있더라고요. "몇 번" 이렇게 용모 착용이랑 이런 게 붙어 있는 벽 보러 갔는데 그 번호가 없는 거예요. 알고 봤더니 애기 아빠가 치운 거예요, 내가 그거 보고 상준인 줄 알까 봐. 그런데 연락이 왔다고 바로 확인하러 갈 수 있는 것은 아니에요. 몇 시간 걸리거든요. 배 타고 와서 데려와야 하고 이런 것들이 있어서(한숨). (눈물을 훔치며) 그날 나왔죠, 4월 30일 날.

**면담자**     아버님이 번호를 지운 건 먼저 확인하시려고 한 건가요?

**상준 엄마**     애기 아빠가 해경이랑 이런 것 확인하는 작업들을 같이했었어요, 초창기에.

면담자　　　아버님이 확인하시고 어머님한테 얘기를 전달하려고 하셨나 보네요.

상준 엄마　　그렇죠, 그거 보고 '아들이다' 싶기도 했고 전화가 왔었으니까.

면담자　　　어머님도 아이를 직접 보셨나요?

상준 엄마　　예(한숨을 내쉬며 눈물을 훔침).

면담자　　　그때 아이는 어땠나요?

상준 엄마　　(눈물을 훔치며) 다행이라 그래야 되나, 보통 제가 좀 많이 봤어요, 아이들을. 올라올 때 확인하는…(울음). 상한 데가 없더라고요, 다행히(울음).

면담자　　　아이를 만나고 나서 그때는 여기 고대병원으로 오셨던 건가요?

상준 엄마　　(한숨을 내쉬며 긴 침묵)

면담자　　　힘드시면 잠깐 쉬었다 할까요?

상준 엄마　　이런 것까지 물어볼 줄 몰랐네(울음). 이거는 아마 평생이 되어도 극복이 안 될 것 같아요, 그걸 뭐라고 표현해야 될지도 모르겠고. 살아 있기만을 바라다가 꺼내 오기만을 바라다가 그것을 기다리다, 기다리다 데려왔는데 (한숨을 내쉬며) 내 자식을 딱 봤을 때 그것을….

면담자    아이를 차마 못 보시는 분들도 계실 텐데….

상준 엄마    안 볼 수가 없었어요, 내 새끼인데. 얼마나 엄마 찾으면서 그랬을 텐데 나 편하자고 내 새끼를 안 볼 수는 없었어요(울음).

면담자    아이를 다시 만나신 후에 평택으로 가셨잖아요. 바람 잘 부는 곳으로 아이를 데려가셨다는 얘기를 들었는데 평택에 다른 연고나 이유가 있었던 건가요?

상준 엄마    아뇨, 없었어요. 팽목에 있을 때 먼저 올라가신 부모님들 이야기를 듣는데 "하늘공원은 그 위에 고압전선이 지나가서 좀 안 좋다"는 얘기를 들었어요. 밑에서 나머지는 정보가 없었거든요. 그래서 "가까운 데 있는 것이 좋지 않을까. 수시로 가서 볼 수 있는 데가 좋지 않을까" 했는데 하늘 공원은 그래서 그랬고, 효원은 하려고 했는데 효원에 "시댁 어르신 중에 누구가 있는데 거기도 별로래 더라" 그런데 한 분은 "돌아가신 분을 거기에다[평택에] 모셨는데 거기가 깨끗하고 좋더라"라는 얘기를 들었어요, 올라오는 와중에. 그래서 거기로 갔어요, 이렇게 오래도록 있을 줄은 몰랐죠. 빨리 데려올 줄 알았어요.

면담자    불교는 어릴 때부터 믿으신 거였어요?

상준 엄마    그렇죠, 어릴 때부터 믿었는데 상대성이죠. 교회처럼 열심히 가거나 그런 것은 아니고 고등학교 때 불교 학생회 해서 공부를 하고 있었던 거죠.

면담자    아이들도 같이 절에 다녔나요?

상준 엄마    아니요, 다니지는 않고 초파일 때는 같이 한 번씩 가거나 나들이 가거나 그렇게 갔죠. 상준이는 향냄새를 싫어했어요, 참 향도 싫어했는데 절에 데려다 놨죠, 내가.

면담자    그럼 지금도 절에서 모시는 건가요?

상준 엄마    예, 아이는 서희[추모공원]에 있지만 절에서 기도드리고 그러고 있죠.

면담자    저번 주에도 다녀오셨겠네요.

상준 엄마    기가 막혀요, 자식 먼저 보내고 자식의 제를 지내는 거는. 그냥 그렇게 아파서 갔거나 차라리 이런 거 아파서 보내는 부모 마음은 진짜 그것도 못 할 짓이겠지만 아무튼 자식 먼저 보낸 부모 마음은 이루 말할 수가 없어요.


## 8
## 참사 직후 청와대 항의 방문과 국회 농성


면담자    진도에 계실 때 같이 청와대 방문을 하러 가셨나요?

상준 엄마    애기 아빠한테 팽목에 있을 때 가자고 막 그랬었어요, 그 몇몇 분들 올라가실 때. 그런데 애기 아빠가 "안 간다고 내 새끼 찾는 거가 더 중요하다"고 안 갔죠(울음).

면담자    둘째는 팽목에 있었어요?

상준 엄마    아니요, 집에 있었어요. 둘 다 회사 갔다가 그 길로 바로 내려왔기 때문에. 그때가 중2였죠. 중3 올라갔을 때였으니까 중3이었죠. 친정 식구들한테 "가 봐달라"고 얘기를 했죠.

면담자    둘째 아이는 학기 중이라 집에 있었던 거겠네요.

상준 엄마    다녀도 다녀지겠어요, 그래도 가야 되니까. 그래서 애가 진짜 무서웠을 거예요. 뉴스만 듣고 부모, 어른들 와 계신다 해도 어른들이 그런 대처할 방법을 모르니까 "니가 잘해야 한다", "어떻게 해야 한다" 그런 말들을 많이 했겠죠. 그러니까 애가 너무 부담감이 컸었어요, 무섭기도 하고.

면담자    둘째 아이 혼자 있었던 때에 대해서 나중에 얘기를 나눠본 적 있으신가요?

상준 엄마    그게 애 장례를 5월 4일 날 치르고 5월 7일 날 바로 KBS로 올라갔었어요. 그때 김시곤이 망언을 하는 바람에 그길로 올라가서 그때 노숙을 했죠, 바로. 그러면서 청와대 앞에서 노숙하고. 그길로 계속 노숙하고 투쟁하고 그런 거였으니까 2년 반을 애를 방치를 했어요. 국회법 통과되고 이러고 그다음에 할 때까지도 계속 방치가 됐고. 그리고 촛불[시위] 할 때까지도 제가 투쟁을 하는 것으로 나가 있었으니까 집에 거의 없었어요, 첫해에는. 국회 앞에서도 계속 잤으니까. 트라우마가 터진 거죠. 참을 대로 참다가 말을 하고 싶어도 엄마가 오면 벌써 하루 종일 그러고 오거나 아니면 며칠 새고 들어오고 이러니까 애가 차마 말을 못 했던 거예요. 그런데 처음에 내 앞에서 울지를 않아서 참 나도 그런 게 거기서 감정 표현하는 게 밉더라고요. 오빠가 없는데 표현을 안 하니까 너무 애가 그랬던 것 같아요. 그런데 표시가 났었나 봐요, 그러니까 애가 〈비공개〉 그런데 혼자 아파했던 거죠. 엄마 없는 시간에 울고 학교 가서 울고 그랬는데 그것을 저는 몰랐던 거예요. 얘는 안중에도 없었어요, 작은애는. 그래 갖고 집에 있다 보니까 그게 조금씩 보인 거예요. 그래서 상담도 가보고 했는데, 여러 군데 갔었는데 잘 안됐었어요.

학교에서도 너무 무심하게 상담 선생님이 세 명 정도가 바뀌었고, 중학교 때도. 고등학교 가서도 □□고로 가다 보니까 선생님들이 상담 날인데 "누구누구 상담받으러 가" 이런 것을 대놓고 얘기하기도 하고 상처를 많이 받았어요. 2년 정도 지나고 고등학교 가니까 애들이 "아직까지도 그러냐" 이런 소리들. 그때까지도 뉴스에서 워낙 공격하는 것이 많았기 때문에. 〈비공개〉

**면담자**      어머님도 온마음센터 프로그램을 받으셨나요?

**상준 엄마**      네, [20]17년도에 좀 받았어요.

**면담자**      바로 활동에 뛰어드셨는데 아버님도 같이하셨어요? (상준 엄마 : 같이했죠) 지금도 같이하고 계시나요?

**상준 엄마**      아니요, 그때는 회사를 휴직계를 내고 그걸 했는데 휴직을 마냥 봐줄 수가 없잖아요, 그래서 갔었어요. 잠깐 갔었는데 도저히 안 되는 거예요. 그때는 초창기라 우리가 뛰어야 될 것들이 많았거든요. 서명도 받으러 다녀야 되고 특별법 통과시키려고 국회에서 농성도 하고 그랬을 때라. 같이하다가 회사 잠깐 갔다가 다시 빠져야 되는 게 너무 많으니까. 회사에다 얘기를 못 하니까 사직계를

낸 거죠. 그러고서 다니다가 사직계 내고, 활동하다가 둘 다 뛰어들면 안 되니까 회사 가라고 하고 간 거죠.

**면담자**　　어머님은 주로 활동을 하시고 아버님은 회사에 다니셔야 돼서 집에는 신경 쓰기가 어려울 수밖에 없었겠네요. (상준 엄마 : 네) 시간이 꽤 지나서 기억이 안 나실 수도 있는데 그해에 있었던 일들을 몇 가지 여쭤보겠습니다. 5월 8일에서 9일 KBS 본관 항의 방문 및 청와대를 향한 도보 시위에 가신 거군요. (상준 엄마 : 예) 그때 상황이 어땠는지 기억나시나요?

**상준 엄마**　　그때만 해도 정신을 사실은 못 차렸었어요. 이게 상황 판단이 되지도 않고 가족들이 가자고 하면 가고 그런 상황이었는데. 안산에서 출발하면 서울 들어서면서 바로 전경들이, 경찰차들이 보이기 시작하고 싸이카가 보이기 시작하고. KBS 갔는데 진짜 전쟁 난 줄 알았어요. 전경차들 이중으로 착 하고, 전경들이 있는데 우리를 꼼짝달싹 못 하게 그때부터 시작이 된 거죠. KBS 들어가지도 못하고 그렇게 했던 거고. 청와대 앞에서도 경찰이 에워싸고 우리가 그 안에 고립되어 있었던 거죠.

**면담자**　　그때 날씨는 좀 어땠어요?

**상준 엄마**　　글쎄요, 추웠었나 봐요. 추웠다 이랬다 기억은 없는데, 그때 사진들을 나중에 보는데 모포들을 우리가 쓰고 있더라고요, 추웠었나 봐요.

**면담자**　　6월부터 세월호 특별법 제정을 촉구하는 천만 서명운

동으로 거리 서명과 버스 투어에 다니신 거죠?

상준 엄마     서명받는 와중, 서명도 받으러 다녔고 전국으로 투어를 했었고요. 그때 제가 인대 파열이 됐었어요. 어떤 도보할 때였는지 아무튼 "빡" 소리가 날 정도로 파열이 돼서 깁스를 하고 있어서 지방으로는 몇 군데는 못 가고. 국정감사 시작했었어요, 그때가. 7월 달쯤부터는 국정감사 그거 쫓아다니고, 깁스하고 쫓아다니니까 불편하더라고요. 풀고 다니다 보니까 치료가 제대로 안 돼서 몇 번 더, 네 번 더 그렇게 된 적이 있었죠.

면담자     넘어져서 다치신 거예요?

상준 엄마     이렇게 걷는 와중에, 어디 푹 파여져 있는 부분이 있었는데 그게 이렇게[꺾였나] 됐나 봐요. 그런데 그게 소리가 그렇게 크게 나더라고요.

면담자     활동을 계속 나가서 더 안 나았겠네요. (상준 엄마 : 계속 나갔죠, 그렇게) 활동은 안산이랑 서울 위주로 하신 건가요?

상준 엄마     그렇죠, 서명받을 때는 그렇게 다닌 거죠.

면담자     7월 23일, 24일에 특별법 제정 촉구를 위해 안산 합동분향소에서 광화문광장까지 도보 행진을 했고 서울시청 앞 서울광장에서 세월호 참사 100일 집회를 했었네요. 그리고 8월 15일에 특별법 제정 촉구를 위한 범국민대회가 광화문광장에서 있었어요. 낮에 프란치스코 교황이 방문을 했었죠. 어머님도 혹시 그 자리에 계셨나요?

**상준 엄마**　　　그때가 저희 광화문 천막 치기 전에 국회 농성을 먼저 했었어요. 국회 앞에서 자고 노숙을 할 때인데 그때도 마찬가지로 텐트 안 되고, 그늘막 안 되고 아무것도 안 됐을 때예요. 비닐 한 장, 물 한 모금도 제대로 안 될 때라 국회 들어갈 때부터 저희가 많이 몸싸움이나 이런 것들을 겪었죠. 그 안에서도 전경들, 여러 일들이 있었어요. 우리 가족들이 맞고 그랬는데 그런 것들은 안 나가고 "전경들을 유가족이 물어서 상해를 입었다" 이런 것들이 언론에 나가기도 하고. 우리가 맞아도 왜냐하면 나갈 수가 없어요, 누가 사진 찍거나 이러면 보도진들이 못 들어오는 곳이었기 때문에 에워싸고 가족이 폭행당하고 이래도 몰랐던 곳인데 그때도 뚫고 들어가 멍이 들어 오는 거죠. 딸은 그걸 보고 속상해서 말을 못 하고 혼자 울고. 그러고 아침 새벽 되면 가고 아니면 그때는 일주일씩 자고 그랬어요, 국회 그 앞에서. 그러다가 프란치스코, 광화문도 그때 이제 단식하면서 광화문 천막을 쳤고 그 와중에 프란치스코 교황이 오신다고 한 거죠. 그래서 광화문 뒷문 그 자리에 그거 치울 때도 말이 많았어요, 잠깐 치워주는 것도 "이제 한번 빼주고 나면 다시는 못 친다" 이런 것부터 해서 굉장히 많았었어요. 그래서 저희는 국회를 지키고 있었고.

그때가 세 군데로 나눠져 있었어요. 국회, 광화문, 청와대 이렇게 세 군데가 있었는데 나는 국회를 지키고 있다가 그날 전날부터, 사실은 우리가 전날은 행사를 했나, 행사를 했는지 광장에서 하고 꼬박 샌 거예요. 그러니까 교황님이 오신다고 하니까 천주교 신자들이 "새벽부터 오신다"고 그래 가지고 우리 가족은 "2시 정도에 거기 안에 들어가야 한다"고 그랬던 것 같아요. 그래 가지고 계속 이렇게 있다가 행사가 끝나고 세종문화회관 지하 강당에서 좀 쉬라고 해줬었어요. 거기서 잠깐 쉬었다가 광장으로 나간 거죠, 새벽에.

**면담자**　　　그때 잠도 제대로 못 주무셨을 텐데 건강에는 문제없었나요?

**상준 엄마**　　　그때요? 그때는 건강은 들어보거나 몸이 아프거나 이런 것도 몰랐어요. 밤새고 땡볕이고 졸리고 이런 것밖에 없죠. 그 전날 행사하고 새벽에 들어가서 그 자리에서 계속 기다리는 거였으니까. 한번 들어가면 펜스가 쳐져갖고 나오기도 쉽지 않았었거든요. 화장실 갈 때도 굉장히 멀고, 거기가 코스가 신자들 들어오고 이러면 화장실 가기도 힘들고, 그때까지도 계속 도로 바닥 이런 데는 계속 앉아서 자고, 이런 것들은 늘상 일상이었기 때문에. 아픈 것은 사실상 거의 끝나고 광화문 촛불 그것까지 끝나고 나서도 가족들이 전부 허리 다들 안 좋고, 관절 다 안 좋고, 귀, 머리 이런 것들 그때서야 신체 증상이 하나씩, 하나씩 본인들이 느끼기 시작한 거죠.

**면담자**　　　참사 전에 광화문에서 농성을 하거나 거리를 행진해 본 적이 있으세요? (상준 엄마 : 처음이죠) 그 전에는 시위를 나가는 등의 경험은 없으신 거죠?

**상준 엄마**　　　없었어요. 우리 세대가 농성 세대이긴 하거든요. 투쟁 세대이기도 한데 그때도 겁이 났었어요. 그것은 내가 아닌 다른 사람이 싸워주는 일이라고 그렇게 생각을 하고 있었고. 최루탄 냄새나고, 힘들고 이랬을 때도 '아, 어떡하지?' 이 생각만 했지 내가 뛰어들 생각은 못 했었죠.

면담자　　　처음으로 '운동'이라고 할 수 있는 행동을 하신 건데 겁나진 않으셨어요?

상준 엄마　　　그때는 '운동'이라는 생각이 없었어요. 왜냐하면 내 아이를 그렇게 평상시처럼 지내다가 그렇게 어이없게 보내고 나니까 이게 말이 안 되는 상황인 거죠. 누군가 나서서 책임을 져주기를 바랐고 해명하기를 바랐고 그런 걸로 나간 거지 '아, 내가 운동을 해야겠다, 투쟁을 해야겠다' 이러고 나가지는 않았어요.

면담자　　　그때는 언제까지 해야겠단 생각을 할 겨를도 없이 바로 활동을 하신 거죠?

상준 엄마　　　그렇죠, 무작정 나간 거죠. 그리고 우리 가족만 갖고는 안 되겠다는 것들이 계속 느껴지니까. 언론도 우리가 팽목에 있을 때부터 겪었으니까, [보도가] 제대로 나가지 않는다는 것을 알게 되니까. "아, 이건 국민들이 알아야 된다. 누구라도 당할 수 있는 일이라는 것을 알아야 된다"라는 것에 대해 알게 됐죠.

면담자　　　참사 직후 언론이나 외부 시선들 때문에 상황이 안 좋았잖아요. 혹시 기억나시는 게 있으시면 말씀해 주세요.

상준 엄마　　　그때는 아무것도 안 들어왔어요, 저는. 언론도 공격한다고, 사실은 추후에 국회에 나중에 오랜 기간 있었으니까 그때 듣기 시작한 거지, 그 전에 우리 유가족이 욕먹는 것 이런 것도 몰랐어요, 저는.

면담자　　　그때 뉴스는 안 보셨어요?

상준 엄마    저는 안 봤어요. 아예 안 봤어요, 뉴스를.

면담자    일부러 안 보신 거예요?

상준 엄마    일부러 안 봤다기보다 그런 거 볼 경황이 없었어요, 저는. 왜냐하면 팽목에 있을 때도 매체들 있고 방송 계속 틀어줬었거든요. 전광판 이렇게 해서 틀어줬는데 KBS만 잘 틀어주고 연합뉴스 틀어주고 그랬었어요. 안 봤었어요, 거짓말인 거 아니까.

면담자    아버님하고는 계속 같이 계셨나요? (상준 엄마 : 계속 같이 있었죠) 활동 도중에 아버님이랑 의견 차이를 겪는 일은 없으셨어요?

상준 엄마    그때는 다르지 않았어요. 다 똑같은 마음이었죠, 그때는.

면담자    2014년 8월 22일부터 서울 종로구 청운동 주민센터에서 장장 76일간의 농성을 진행했습니다. 이때 같이 계셨나요?

상준 엄마    저는 9월, 10월 달까지 국회에 있었어요. 통과되어서 철거할 때까지. 국회에서 물건 뺄 때까지.

면담자    아이 생일날에는 그때도 국회에 계셨나요?

상준 엄마    아니요, 그때는 아이 절에 가서 생일상 차려줬어요.

면담자    그때는 동생이랑 아버님이랑 같이 갔겠네요. 절은 어디로 가세요?

상준 엄마    시흥에 있는 대각사라고 가까운 데 있어요. 그 스님이 아이들 올라올 때부터 49재, 100일, 200일 다 해주셨어요.

**면담자**        그 절에 모시는 다른 아이들도 있나요?

**상준 엄마**      예, 상준이 가면서 학생들. 학생들이 여덟 명하고 선생님 세 분하고 열한 분 계세요.

**면담자**        그 절이 2018년 미수습자분들 49재 하신 절이에요? (상준 엄마 : 같아요) 2014년까지 여쭤봤어요. 연말에는 어떠셨어요? 연말이라는 걸 느낄 새도 없으셨을 것 같아요.

**상준 엄마**      없었어요, 그때가 특별법 통과된다고 하고 그다음에 시행령 때문에 그때도 저희가 투쟁하러 다녔던 것 같아요.

**면담자**        날이 추워지니까 더 힘드셨겠어요.

**상준 엄마**      추우면 추운 대로 더우면 더운 대로 힘들었어요(웃음). 저희가 많이 아팠어요. 비가 와서 몇 날 며칠 도보하고 손가락들 힘도 없었을 때에도 장대 같은 비가 와서 온몸이 아프고 그랬거든요. 추운 건 말할 수 없었고, 추우면 추운 대로. 우리가 청운동 첫날 들어갈 때도 그게 그냥 쉽게 들어간 것 아니거든요. 그때도 경찰들하고 몸싸움을 3, 4시간 하고 그 안에 들어간 거고. 그날 밤에도 비가 엄청 와가지고 비 그대로 쫄딱 맞는지 비닐하우스 비닐을 시민들이 갖다주셔서 깔고 덮고 했는데. 그게 비가 들어오니까 엄마, 아빠들 크로스로 해서 손으로 들고 이렇게 자고 위로 다 덮고 이렇게 잤죠.

**면담자**        천막 비닐도 경찰들이 막지 않았어요?

상준 엄마     막았죠, 그것 갖고 실갱이도 몇 시간 하고.


# 9
## 2015년 '도보 행진'과 안산 피케팅


면담자     2015년 1월 26일에서 2월 14일까지 온전한 세월호 인양과 실종자 수습 및 진상 규명 촉구를 위한 안산에서 팽목항까지의 '도보 행진'이 19박 20일로 있었는데 다리는 괜찮으셨나요?

상준 엄마     그때도 다리 때문에 전 일정을 못 하고 반별로 참가하는 것이 있었어요. 전 일정으로 완주하시는 부모님이 계시고 날짜별로, 반별로 들어가는 합류해서 가는 구간들이 있었거든요. 반별로 하는 구간만 제가 들어가서 했었어요.

면담자     다리가 잘 안 나았다고 하셨는데 (상준 엄마 : 안 나았어요) 지금은 좀 괜찮으신가요?

상준 엄마     아뇨, 그때 치료가 제대로 잘 안돼서 처음 그러고 나서도 치료를 제대로 못 했고 그 이후로도 한 네 번 그랬다고 했잖아요. 치료가 그때그때 제대로 다 안 돼서 지금도 좀 [불편하죠]. 딸이 맨날 "엄마 조심해" 그러고 손 잡아주고 그러고 있어요.

면담자     2015년 4월 4일에 정부 시행령 폐기를 촉구하는 2차 삭발식 이후 1박 2일 동안 아이들 영정 사진을 들고 광화문까지 '도보 행진'을 한 적이 있어요. (상준 엄마 : 예) '도보 행진' 하실 때 주변의 분위기는 어땠나요? 주변 분위기가 눈에 들어오셨어요?

**상준 엄마**　　그때는 하죠. 시민들이 손가락질하고 힐끗힐끗하고 소리 지르는 분들도 계시고, 그때는 그런 것들을 느끼기 시작하죠. 그 전의 도보 때도, 아까 팽목까지 완주할 때도 지역별로 욕하는 분들이 꽤 계세요. 충청도권이라든지 이러면 그때서야 언론에서 하는 그런 말들을 저희한테 많이 했죠.

**면담자**　　다니면서 유별나게 반응이 안 좋았던 곳이 있었나요?

**상준 엄마**　　저는 유별났다고는 안 느끼는 게 다 거의 똑같은 말, 비슷한 양상에 비슷한 말들을 했고. '크게 상처받지 말자'는 생각을 하기도 했고 크게 다가오지도 않았어요, 사실은. 제가 제일 저기 한 게 "너도 똑같이 당해봐" 이 말을 싫어하거든요. 싫어하는데 진짜 심한 사람들한테는 "너도 똑같이 한번 당해보세요. 그러면 우리가 왜 이러는지 알 거라"고 국회에서 그 말을 제일 많이 했던 것 같아요. "당신들 한번 똑같이 당해보라"고 국민들이 그러는 것은 크게 안 그랬어요. 그런데 국회에서 국회의원들이 해결 못 하고 무관심하고 이런 게 제일 상처가 되게 컸던 것 같아요.

**면담자**　　참사 전에는 어떤 정치인을 지지한다든지 정치에 관심이 있는 편이셨나요?

**상준 엄마**　　없었어요, 그걸 제일 후회하죠. 정치에 무관심했다는 것. (면담자 : 생각이 많이 바뀌셨겠어요) 바뀌었죠, 많이 바뀌었죠. 우리 어머니, 부모님들이 많이 바뀌었죠. 그냥 선거 때만 관심 가졌었거든요, 저는. 그게 진짜 잘못한 일이었다라는 거를 뼈저리게 느끼죠.

**면담자**　　2015년 4월에 광화문 도보 행진 하시고, 이틀 후에 바로 세종시 해수부에 항의 방문을 하셨는데, 그때도 같이 가셨나요? (상준 엄마 : 네) 그때 분위기는 좀 어떠셨어요?

**상준 엄마**　　그때도 마찬가지예요. 그때도 전경들이 우리의 몇 수십 배가 깔려 있어요. 벌써 들어가면 세종시 전체에 전경들 차가 쫙 있고 저희가 앞에 "해수부 앞으로 간다" 하면 해수부 앞에 몇 겹의 바리케이드나 이런 게 쳐져 있고 못 들어가요. 못 들어가는데, 하다 보면 맨날 제일 앞에 제가 가 있어서 그때도 눌렸어요. 사실은 제가 2014년 특별법 통과되는 날, 국회에서 통과되는 날 국회를 올라가려고 분향소 가다가 교통사고를 되게 크게 났었어요. 그래 갖고 갈비뼈도 금이 가고 숨도 못 쉬고 그러다가 그런 와중에 거기 갔는데, 나았다고 하고 간 거죠. 그런데 앞에 가다 보니까 앞에 경찰, 뒤에서 가족이 이렇게 되다[양쪽에 끼이다] 보니까 얘가[갈비뼈가] 눌려서 호흡을 못 해가지고. 앰뷸런스 실린 상태인데 "싣고 가는 것은 안 된다고, 이거 해야 된다"고 그랬던 날이 그날이에요.

**면담자**　　그 자리에 계속 남아 계셨던 거예요?

**상준 엄마**　　예예, 그때도 마찬가지예요. 가족들 못 들어가게 했고 움직이기도 테두리 안에서 벗어나지 못하게 했고….

**면담자**　　납득이 안 되는 일들이 계속 일어나는 거잖아요. (상준 엄마 : 그죠) 그때 제일 답답하게 느끼셨던 일은 뭐였나요?

상준 엄마　　　속에서 뭐가, 진짜 너무 답답하고 이렇게 (가슴을 치며) 덩어리가 졌는데 어떻게 표현을 못 하겠는 거예요. 어떤 식으로 표현해야 해결이 될지도 모르겠고 '상식이 좀 통했으면 좋겠다'는 생각이 제일 심했어요. '아, 우리가 이렇게 평범한 사람들이, 국민들이 이런 거 있을 때 이렇게 느끼면, 그래 그 정도면 이해할 수 있는 정도까지만 되어도 좋겠다'. 어느 하나가 이해되는 게 단 한 개가 없었어요, 그때까지도 어느 하나도. 해수부는 해수부대로 너무나 우리가, 진짜 해수부를 다 파헤쳐도 시원찮은데 해수부는 아예 책임 없다는 그런 식이고. 해경이 책임이 있다고 하는데 김수현 청장 하나만 딱 그런다고 치고, 관제센터도 죄 없다고 그러고, 해경 상황실도 죄 없다고 그러고. 그때도 너무 답답했죠, 저희가 광주 재판도 같이 다니, 2014년에 같이 다녔었잖아요, 15년도까지 해가지고. 어디 하나가 제대로 어떻게 파헤쳐야지 이게 해결이 될지 모르니까 너무 답답한 거예요.

면담자　　　너무 답답하다 보니까 지치기도 하셨을 것 같아요.

상준 엄마　　　악에 받치더라고요.

면담자　　　그만두고 싶다는 생각은 안 하셨어요?

상준 엄마　　　그런 생각은 없었어요. '어디를 어떻게 해야 더 해결이 될까'란 고민을 했지.

면담자　　　1주기 될 때 즈음해서 어머님 마음은 어떠셨나요?

상준 엄마　　　그때도 어떤 마음의 변화가 있거나 그러지는 않았어요. '너무 억울하니까 우리 아이들 보낸 것 억울하니까 밝혀야겠다' 이 생각밖에 없었어요, 그때도.

**면담자**      1주기 때 광장에서 시민과 만날 때의 느낌은 어떠셨어요?

**상준 엄마**      광화문 정도까지 가면 거의 다 저희 일에 아파하시고 공감해 주시고 힘이 되려고 하시는 분들이었어요, 사실은 거기 모이신 분들이. 그런 분들이 끝나고 마지막에 다들 안아주고 "힘내시라"고 그러고 했었거든요. 진짜 감사했어요, 그분들한테는. 지금도 마찬가지지만 몇 년씩 같이해 주시고 이러시는 분들이 계시잖아요. 진짜 내 일은 내가 겪었기 때문에 나는 이럴 수밖에 없지만 저 사람들은 겪지 않았음에도 똑같이 아파해 주시고 힘이 돼주시려고 하는 것이 너무 감사하고 "나라면 저렇게 할 수 있었을까"를 한 번씩 되짚어봐요, 그렇게 해주시는 분들 만나면.

**면담자**      1주기 안산으로 돌아오셨을 때 안산의 분위기는 어땠어요?

**상준 엄마**      그게 참 그런 게 안산 분위기를 느낄 수가 없었어요. 왜냐하면 밤늦게 들어오고 며칠 안 들어오고 아침 일찍 들어가요. 우리가 나가요, 항상 6시, 7시면 나가고 이러기 때문에 안산 분위기를 전해 들을 만한, 그리고 볼 만한 그게 시간이 안산은 거의 없었어요. 어쩌다 집에 있는 날은 그냥 기절이죠. 그러기 때문에 누가 오는 것도 그때는, 초창기에는 안산시에서 돌봄이인가 그거를 해서 집집이[집집마다] 했는데 문도 안 열어줬었어요. 오는 게 싫었어요.

면담자    낯선 사람이 온다는 게 싫었던 건가요?

상준 엄마    어느 누구도 싫었어요. 와서, 내가 일어나서 앉아야 하고 말을 해야 되고 이런 게 싫었어요.

면담자    그때 친척들이나 다른 가족들과는 관계가 어떠셨나요?

상준 엄마    제가 그러고 있는 것을 아니까 오지도 못하는 거죠. 전화를 해도 그냥 "괜찮냐" 확인하는 정도.

면담자    2015년은 아이랑 대화할 시간이 없으셨던 때였겠네요.

상준 엄마    그때는 어디 가면 "어디 간다", "며칠 있으면 자고 온다" 이런 것도 얘기 안 됐던 게, 말을 못 했던 게 그냥 가서 현장에서, 만약 우리 가족들도 그래요. 올라갈 때 "우리 오늘은 뭐 하루나 이틀 정도 더 거기서 자고 와야 돼" 이런 예정이 없어요. 가서 상황 따라 되는 거였거든요. 가서 자야 되면 그냥 자야 되고, 본회의 그 회의장에서 자야 되면 자야 되는 거고 그랬기 때문에 아이한테 "엄마 오늘 못 와" 아니면 "이틀 밤 자고 와" 이런 이야기도 못 했어요. 그러니까 애가 페이스북으로 엄마, 아빠를 찾는 거예요. "이거 엄마 팔뚝이야", "이거 엄마 뒤통수야" 그걸 캡처해서 이렇게 모아놨더라고요.

면담자    캡처한 걸 언제 보셨어요?

상준 엄마    그거를 나중에 2년 반 뒤에. 엄마가 어디서 뭘 하고 있었는지를 페이스북으로 확인을 한 거예요. 그래 갖고 국회 들어갈 때도 몸싸움을 하고 했다고 했잖아요. 그거 하고 와서 씻고 이렇게 자면 애가 보는 거예요, 어디에 멍이 들었는지. 그러니까 애가 계속 "엄마 제발 안전하게 있다 와, 뒤에 있다 와" 맨날 그 소리를 했죠.

면담자     가지 말라고는 안 했나요?

상준 엄마     했어요, 1년 넘어서는 "가지 마. 안 가면 안 되냐?"라는 소리를 했어요. 그런데 그때도 처음에는 그냥 "가야 돼" 이러고 갔는데 나중에는 그 말이 계속 걸리는 거예요. "그럴까, 그러면 가지 말까?" 그러면 애가 눈치 보고 있다가 "엄마, 안 가면 또 마음 불편하잖아. 갔다 와" 이랬죠.

면담자     어머님이랑 아버님이 따로 이야기를 안 해도 아이는 어머님, 아버님이 어디서 뭘 하고 있는지 알고 있었던 거네요.

상준 엄마     그렇죠, 그런데 바로바로 확인이 안 되는 거죠. 페이스북에 떠야 이제 애가 어느…. 근데 참 신기한 게 잘 찾아내더라고요(웃음). 아는 사람 얼굴은 이렇게 멀리 있어도 알듯이 엄마, 아빠 뒤통수, 팔뚝 이런 것 보고도 알더라고요.

면담자     2015년 9월 1일부터 했던 동거차도 주재 인양 작업 감시 활동은 어머님도 같이 가셨나요?

상준 엄마     그때는 아빠가 갔어요, 동거차도는. (면담자 : 어머님은 어디 계셨어요?) 그때는 여기 안산에서 활동하고 있었죠, 저는.

면담자　　　안산에서 피케팅하셨던 거예요?

상준 엄마　　예, 피케팅도 하고 (면담자 : 교육청 앞에서 하셨나요?) 교육청 앞에서도 하고요. 중앙역, 상록수역도 하고.

면담자　　　그때 안산 시민들 반응은 어땠었어요?

상준 엄마　　그때도 마찬가지예요. 그때도 전해만 들었어요, 저는 유가족들이 와서 주위에서 누가 "이웃이 이랬더라, 저랬더라" 이랬거든요. 저는 문을 안 열어줬으니까, 그리고 나와 있고. 그리고 시민들이, 서명하는 분들은 전부 다 동조하는 분들이고. 가까이서 못 하고 멀리서 이렇게[비난을] 하시는 분들은 그냥 거기까지 신경 쓸 기력이 없었어요. 저는 이거 하나만 해도 너무 힘이 들었기 때문에 "저 사람 또 왔나 보다, 저런 사람 또 있네" 이 정도. 나중에 안산 시민들한테 분위기라든지 이런 거는 사실은, 활동할 때는 저는 오히려 못 들었어요. 그러니까 그런 것들이 보이기 시작한 것이 2년 반 지나서예요. 그러니까 딸의 상태가 보이기 시작할 때부터 그때부터 안산 분위기라든지 그런 것을 알게 된 것 같아요.

면담자　　　2년 동안은 어디서 뭘 하고 있는지를 상세히 기억하기 힘들 정도로 몰두를 하고 계셨던 거죠.

상준 엄마　　예, 딸도 상태가 내 눈에 안 들어왔으니까.

면담자　　　안산시에서 피케팅을 하시는데, 안산은 아이들 지내고 자라오던 곳이잖아요. 아이 생각이 더 많이 나셨을 것 같아요.

상준 엄마　　그때는 아이가, 살아생전의 모습을 기억하기보다 그때는 시시때때로 운전하다가도 울고, 어린애, 유치원생을 봐도 울고, 고등학생 교복 입은 아이들을 봐도 울고, 애가 들었던 음악이 들려도 울고. 그냥 미친 상태였어요, 그냥 사람이 보거나 말거나 계속 운전할 때도 울고, 걸어갈 때도 울고. 이러면 사람들이 쳐다봐도 그게 안 보일 정도로. 그래서 어떤 날은 너무 힘들어서, 한번은 아들하고 수암산 갔던 데가 있어서 '거길 한번 가볼까' 하고 갔는데, 그때는 '애가 여기 앉아서 무슨 소리 했지?', '뭐 마셨지?' 이런 것까지 다 떠오르니까, 그래서 펑펑 울었어요. 등산로에서 사람들 되게 많은데 그러니까, 우는데 사람들은 그냥 힐끔힐끔하고 가는 거죠. 그래서 '아, 이제는 이런 데도 못 오겠다' 싶더라고요. 그러고는 안 갔죠.

면담자　어딜 가든 아이의 흔적이 떠올랐던 거네요.

상준 엄마　예, 그냥 불현듯 찾아와요, 툭. 그러면 어떻게 할 수가 없어요, 그거는.

면담자　아이 물건은 그때 바로 찾으셨었나요? (상준 엄마 : 어떤 물건?) 아이의 가방이나 캐리어 이런 것들이요.

상준 엄마　안 나왔어요, 안 나왔어요. 신발도 맨발로 올라왔더라고요. 그게 나중에 들어보니까 잠수사들이 "벗긴다"고 하더라고요, 올라올 때 걸리고 이래서.

면담자　2015년 11월 14일 민중 총궐기대회 때는 사람도 많이 모이고 백남기 씨 사건도 일어나면서 절벽 끝에 있는 느낌이셨을 것 같아요.

**상준 엄마**    저는 매번 그랬어요. 특별법 만들 때도 그랬고 시행령 그럴 때도 그랬고. 특조위 출범해서 조사할 때도 그랬고 매 순간이 다 그랬던 것 같아요. 민중총궐기라 그래서 특별히 더 그런 것은 없었어요.

**면담자**    민중총궐기는 규모 면에서도 큰 집회였는데 그에 대한 기대감이 있으셨나요?

**상준 엄마**    없어요, 없었어요. 특별법 만들면 그걸로 뭐가 될 줄 알았는데 해보니까 아무것도 아닌 거예요. 시행령 갖고 장난을 치는 거예요. 시행령하고 어떻게 그거를 해서 특조위를 만들었는데 '어, 좀 되려나' 했더니 또 [자유]한국당이 그 난리를 쳐서 아무것도 못 하고 힘이 없고. 특검으로 한다고 했는데 특검도 못 하고 모든 게 다 한고비 넘으면 될 줄 알았는데 안 되고, 한고비 넘으면 될 줄 알았는데 안 되고. 그러다 보니까 "이게 이렇게 해서 이렇게 달라지겠구나" 이런 희망은 없었던 것 같아요. 그 선에서 할 수 있는 것 최선을 했을 뿐인 것 같아요.

**면담자**    1기 특조위도 크게 활동을 못 해서 더 그랬겠네요.

**상준 엄마**    크게 특별한 활동이 아니라 활동 자체가 아예 못 했어요. 조사한 건도 우리 가족들이 한 거라 한 것도 없고.

## 10

## 2016년 촛불 국면 당시, 신체적 후유증

면담자     2015년 활동까지 여쭤봤는데요, 어떠신가요? 괜찮으
시면 더 할게요, 아니면 내일 다시 할까요? (상준 엄마 : 하세요) 그러
면 2016년 활동까지도 여쭤볼게요. 2016년에는 아이들을 기억하기
위한 여러 활동이 있었는데 어머님께서 중점적으로 하셨던 일은 어
떤 게 있었나요? (상준 엄마 : 2016년도면) 2016년 1월에 겨울 방학식,
참사 2주기에는 기억식으로 범국민촛불문화제도 했고요, 5월에는
그때 학생들 제적 처리가 되는 일이 있었죠. 그리고 기억교실 문제
도 있었고.

상준 엄마     그 제적도 사실은 가족들이 몰랐었을 수 있죠. 한 분
이 가서 학생부를 떼어보는 바람에 알게 됐고 어이가 없었죠, 사실
은. 너무 어이가 없었고 우리나라 교육부가 그렇게 되어 있다는 것
도 사실 처음 알았고. 그리고 기억교실이라고 지금, 그때는 교실이
었죠. 교실이 그렇게 허무하게 내치듯이 뺏기듯이 뺏길 거라고 생각
못 했고. 같이, 가족하고 친했던 분들이 책걸상을 빼내고 학교에서
교장이 그렇게 쇼를 하고 너무 어이가 없었죠. 그것도 원래 2016년
1월 달에 아이들 졸업하고 그럴려고 했었지만 그런 여러 가지 문제
로 안 했었잖아요. 진상 규명도 안 되어 있고 이런 와중이어서 그것
도 "안 하겠다"고 한 거고. 그래요, 우리나라가 아직은 이런 피해자
가 그냥 입 다물고 포기하고 이런 게 너무 당연시하게 사후 처리를,
모든 일 처리를 이런 식으로 흘러가니까 이건 아니지 않나, 무조건

피해자가 수그러야 하고 움츠러들어야 되고 그냥 잊혀져야 되고 그런 것은 아니지 않나 싶어요.

**면담자**     내가 피해자임을 계속해서 외치지 않으면 해결되는 게 없는 거네요.

**상준 엄마**     그러니까 피해자가 피해자라고 외친다고 욕하는 거잖아요, 우리나라가 지금. 그래서 더 외쳤던 거였을 수 있어요. 지금 해결된 게 없잖아요, 특별법을 특조위했다고 해서 금세 뭐 한 것도 아니고 검찰이나 검사들이 조사한 것도 수사가 아니에요, 그 사람들이. 이미 정해진 결론에다 거기다 맞춰서 판결을 내린 거였거든요, 진짜 너무한 거죠. 검찰도 마음대로 안 됐고 사법부도 믿을 수가 없는 거고 그렇다고 국회를 믿을 수도 없는 거고. 어디 하나 안 되니까 선원, 선장들 판결 저희 만족 못 해요. 진짜 빨리 끝내려고 한 거예요, 그 사람들은. 후딱 끝냈어요, 그 많은 사람들 재판들을 그냥 끝낸 거고(한숨). 2016년도 같은 경우는 뭐를 했지? 제가 매번 나가긴 했던 것 같아요, 했는데 16년도면 그때부터 딸이 조금씩 보일 때일 거예요, 아마. 그때 아이가 많이 힘들어하기도 하고 학교를 못 가기도 그만두고 싶어 하기도 했고. "무슨 의미가 있냐"라는 얘기도 많이 했었고 그래서 신경 써야겠다 했는데, 신경을 못 쓴 부분이 그때이기도 해요.

**면담자**     아이가 학교를 그만두고 싶어 할 때 어머님 입장은 어떠셨어요?

**상준 엄마**     그때 한두 명씩 형제자매들 중에 학교 학업을 중단하는 아이들이 생겼어요, 생겨나기 시작했어요. 왜냐하면 초창기 애네들도 너무 크니까 표현을 못 하고 부모들이 정신을 못 찾고 표현을 못 했던 것들이 서서히 조금씩 조금씩 표현이 되기도 하고 그랬던 때라…. 그만두는 것도 생각을 했어요. '우리나라 현실에서 학업을 계속 유지하는 게 어떤 의미가 있나' 고민을 많이 했었어요, 그때는. 근데 심각하게 하지는 못했던 게 그렇게까지 안 됐어요. 제가 머리도 그렇고 가슴도 그렇고 그렇게까지 신경을 못 쓸 때여서 "다녀보자 그냥, 다녀보자" 이랬는데 그때 선생님이, 걔네 담임선생님이 조금 이해를 했었던 것 같아요. 전화도 자주 주시고 애한테 얘기도 많이, 제가 못 하는 얘기들을 담임선생이 좀 해주시기도 하고 그랬는데, "정 안 되겠으면 그만두자"라는 얘기도 했었어요, 사실은. (면담자 : 담임선생님하고요?) 아니요, 딸하고. 그렇게 했는데 선생님이 그나마 챙겨주시기도 하셨고 그때 가끔 애하고 시간을 보내려고 아침에 데려다주고 데려오고 그거를 해주기 시작한 해였던 것 같아요. 그 전에 같았으면 제가 상준이 태워다 주고 픽업했던 것처럼 애도 그렇게 했었을 텐데 못 했던 거잖아요. 그래서 아침에 안 가는, 위로 [서울로] 안 올라가는 날은 애 주먹밥 같은 것 싸가지고 아침에 학교까지 태워다 주면서, 과일하고 이런 거 챙겨주면서 얘기하고 그랬던 시간이었던 같아요.

면담자      아이는 엄마하고 시간을 보낼 수 있어서 위로가 됐겠어요.

상준 엄마      크게 되지는 않았을 것 같아요. 왜냐하면 그 기간이 좀 길었잖아요, 혼자 놔둔 기간이. 무섭고 힘들고 이랬던 기간들이, 표현 못 하고 이랬던 것들이 많았기 때문에 그나마, 그게 학교를 졸업할 수 있었던 약간의 계기…. 그냥 "특별하게 네가 하고 싶거나 이런 것 아닌 이상 그냥 졸업은 하자. 우리나라에서 고등학교 졸업은 해야 너가 대학교 가서 공부를 하든 딴것을 하든 아니면 쉬고 싶든 그래도 되는데"[라고 했어요]. 얘 친구 중에 똑같은 학교를 들어갔다 그만둔 아이가 있어요. 검정고시 준비한다고 그랬다가 다른 곳에 유학 간다고 준비도 하고, 계속 그런 것을 같이 보니까 얘가 "아, 그래도 졸업하는 게 낫겠어, 엄마" 그렇게 얘기를 하더라고요. 그래서 "성적은 엄마 크게 신경은 안 쓸 테니까 졸업만 하자" 그렇게 이야기를 했었죠. 그래도 힘들었었어요, 졸업할 때까지.

**면담자**     학교 갔을 때 공감을 해줄 친구들이 없으니까 힘들어 했던 건가요?

**상준 엄마**     예, 친구들 때문에 힘들어했던 것도 있어요. 왜냐하면 방금처럼 4월 달이거나 아니면 애 생일이거나 어떤 뉴스에서 이슈가 되거나, 그때도 배·보상이 2015년이었는지 그랬을 거예요. 돈 갖고 그랬던 게 많고 이런 것들이 있어서 그럴 때마다 학교에서 애들은 얘가 모르고 그러는 애들도 있지만 그런 것 갖고 막 얘기를 하고. 얘기하는 것 자체가 애한테는 상처가 되는 거예요, 공격하는 말이든 아니면 어떤 말이든 간에. 그래서 그럴 때마다 힘들어하기도 하고 예민해지잖아요, 트라우마 겪고 이러니까, 감정도 불안정하고 이러니까. 친구들이 이해를 못 해주니까 "어, 쟤 왜 저래?" 이러면서 친구들 간의 관계도 되게 힘들어했었어요.

면담자 　　굉장히 쾌활하고 긍정적인 아이인데 예민해졌네요.

상준 엄마 　　그러니까 많이 그랬어, 좋았던 아이가. 그러니까 친구도 너무 좋아했었는데 내가 집에 있으면 집에만 있으려 해요. 뭘 해도 나하고만 하려고 하고 옆에서 와서 비비기도 하고 잠도 같이 자려고 하고. 그런데 그때는 그것도 버거웠어요, 제가 내쳤어요. 〈비공개〉 좋아질 때도 있고 나쁠 때도 있죠.

면담자 　　나아진다는 것보다 그냥 받아들이는 거죠?

상준 엄마 　　그런 요령들을 많이 배운 것 같아요.

면담자 　　기억교실 이전할 때 책상을 따로 가져간 분들도 있다고 하던데 상준이 책상은 같이 옮긴 건가요?

상준 엄마 　　그런 것 같아요. 우리 아이들이, 굉장히 많은 아이들이 같이 갔잖아요. 제 생각은 그래요. '나 혼자 기억하는 것도 나름의 방법이겠지만 다 같이 있을 때가 우리 아이들이 좋지 않을까' 그렇게 생각해요. 갈 때도 같이 가고 그랬으니까 외롭지 않고. 그리고 이렇게 기억교실이라든가 이런 것처럼 '아이들을 기억하고 그게 우리 세대뿐만 아니라 쭉 이어졌으면 좋겠다'는 생각이 있어요. 너무나 힘들게 아이들이 갔고 힘들게 부모들이 견디고 있고, 그것을 아프니까 잊혀지고 '뭐 그런 일이 있었대' 이렇게 쿨하게 넘어가는 것이 아니라 '그때 그렇게 너무 아팠고, 온 국민이 아팠고 그런 사건이 있었어. 그런데 아직도 못 밝혀졌대' 또는 '밝혀져서 어떻게 어떻게 됐대' 그렇게 기억이 되길 바라요.

면담자      사람들이 찾아와서 아이 자리에 꽃도 놔주고 메시지
도 적어주잖아요. 그런 메시지들을 보셨을 때 느낌은 어떠셨나요?

상준 엄마      [다른 아이들 책상과] 같이 있는 거는 바람직한데 제가
와서 보는 것은 너무 아프더라고요. 그러니까 교실에 앉아서 상준이
자리에서 앉아서 보고 있는 건, 사실은 몇 번 찾아오지 않았어요. 저
는 나약한 면일 수도 있는데 몇 번 찾아오진 않았어요. 기억교실 여
기는 특히나 더, 저기보다는 덜 찾아왔죠, 원래 교실보다는. 메모를
봤는데 메모가 많은 아이들도 있고 적은 아이도 있고 그런데. 저 같
은 경우는 활동은 계속했지만 어디에 누구하고 이거는 원치 않는 사
람이어서 사실은 상준이를 아는 활동가들이나 시민들이 별로 없어
요. 그래서 보면 찾아와서 학생들이 앉아서 한 줄씩 써주고 이런 것
들이 있어요. 근데 기억하기를 바라잖아요, 제가 지금 기억하기를
바라는데 그러면서도 상준이를 알리는 활동은 안 하게 돼요. 내가
내 입으로 아이의 소중한 추억들 기억들 끄집어내서 얘길 해야 되는
데 그러면 이게 감정이 분출이 되니까 그거를 못 하겠는 거예요. 참
이게 이중성인데, 기억되길 바라면 우리 아이를 알려야 되는데 거기
까지는 아직도 내가 내 감정이 컨트롤이 안 돼요, 아직은.

면담자      어머님 성향상 컨트롤이 안 되는 감정은 표현하지 않
고 참는 편인 건가요?

상준 엄마      아, 그게 저도 상담을 받아봤는데 두려워하고 있어서
어디에 방에다 가둬놓은 거죠, 지금 현재는. 가둬놓은 상태라 터지

면 이렇게 팍 터지지. 그거를 하라고 해요, 자꾸 그거를 "자꾸 나서서 얘기도 하시고 조금씩 끄집어내세요" 하는데 아직까지는 안 되고 있어요. 그래서 지금 이것도 안 하려고 했던 건데(웃음).

**면담자**     친구들이 상준이한테 남겨놓은 메시지 중에 기억에 남는 것이 있으신가요?

**상준 엄마**     그게 참, 없어요. 참 상담받을 때도 그러는 거예요. "이때까지 활동하고 고마우신 분들이 많았는데 그 많은 분들이 하신 말씀이 기억에 남는 게 있느냐, 힘이 되는 말이 있느냐" 물어보는 [거예요]. 인터뷰도 많았고 상담 선생님도 그렇게 물어보시는데 너무 미안하게도, 하나도 없어요. 기억에 없어요, 감정을 못 느껴요, 감정을. 그러니까 이런 거예요. 제가 TV를 하루 종일 집에 있는 날 틀어놨는데 뭘 봤는지가 기억이 없는 거예요. 그리고 딸하고 같이 보면 웃었대요, 제가. 그걸 보고 너무 재밌게 봤대요. 그런데 봤는데 나는 재미가 없었던 거예요. 그러니까 감정을 못 느껴요, 지금.

**면담자**     거의 4년째 계속되고 계신 거죠? (상준 엄마 : 그렇죠) 전에는 감정이 풍부하신 편이셨나요?

**상준 엄마**     그게 그런 게 기억이 참사 전하고 참사 이후하고 바뀌었나 이런 것들을 보면 참사 전에 내가 어땠는지를 모르겠어요.

**면담자**     너무 큰 사건이다 보니 그럴 수밖에 없는 것 같아요.

**상준 엄마**     그러니까, 어떤 감정인지 어떤 상태인지 잘 모르겠어요.

면담자      가장 최근에는 주로 공방에서 활동하고 계신 건가요? (상준 엄마 : 그렇죠) 기억 전시 등도 같이 다니셨었나요? (상준 엄마 : 아뇨) 주로 공방에 집중하신 거예요?

상준 엄마      그쵸, 그 전까지는 주로 투쟁 쪽으로만 나가서 하는 것에 집중적이었고. 촛불 투쟁 이후로부터는 그런 게 많이 급속하게 확 줄었잖아요. 그래서 그러면 가족들 "유가족들끼리 좀 챙겨야겠다. 서로 내실을 지켜야겠다" 싶었어요, 사실은 허무하기도 했고, 합동영결식 이후에 허무하기도 했고 그래서 공방 쪽에다 신경을 많이 썼죠.

면담자      촛불 국면 당시에 온 국민의 관심이 폭발적이었잖아요. 그 중심에 항상 세월호가 있었고. 처음으로 청와대 청운동 선을 넘었는데 그때 기억에 남는 일이나 느낌이 있으신가요?

상준 엄마      우리가 청운동 앞에, 사무서 앞에 거기서 계속 있었잖아요. 처음 뚫고 들어갈 때도 저희 노숙하고 비 맞으면서 자고. 이틀, 삼일 차까지 그러고 저는 다시 국회로 돌아오고 그랬는데, 그게 뭐라고. 그래 가지고 우리 가족들 뭐라 하지 않아요. 그거는 이거 풀어달라는 거잖아요, 억울한 것 진상조사 제대로 해서 수사하고 처벌받을 사람 처벌시키고. 우리가 맨날 외치는 게 그거인데 그거 그 100미터, 200미터를 못 들어오게 기를 쓰고 막고 그러는데, 그러니까 갑자기 허무해지더라고요, 저는 "이게 뭐라고. 우리 아이들은, 우리 국민들은 304명이 돌아가시고, 살아 계신 분들도 평생의 그게 고통이고 힘듦인데 그거 뭐라고" 물론 나라를 하다 보면 어느 정도의 기준이나 뭐가 있어야 되긴 하겠죠. 유가족분들 만나준다고 계속 약속했던 건데 한 번도 이뤄지지 않았던 거고, 수사해 주겠다는데 수사 안 이뤄졌던 거고, 특별법조차도 완전히 망가뜨려 놨던 부분이고. 근데 거기 들어가서 특별히 달라지거나, 시민 단체는 "이거 역사적인 일이야, 여기 뚫은 것은 가족밖에 없어" 이런 말을 했었어요. 근데 저는 그런 감동은 없더라고요. 그냥 허무했어요, 허무했고.

그때도 우리 아이들 사진 프린팅된 거 이렇게 하고 가면 그렇게 속상할 수가 없어요. 속상하고 우리가 할 수 있는 건 다 했잖아요, 도보도 하고 삭발도 하고 단식도 하고 다 했는데도 안 되니까. 그런데 촛불 국면 할 때 저희가 23회차를 갔어요. 매주 토요일마다 갔는데 그때도 갈 때마다, 제가 진도를 가든, 당일 코스로도 우리는 많이 갔었거든요, 가족들이. 갔어도 그냥 간 게 아니라 해역까지 갔다가 배 타고 들어갔다 나왔다 다시 집에 오고 이런 식으로도 갔는데 그때는 멀미 이런 것을 몰랐어요. 너무 힘들어도 그냥, 근데 광화문 올라올 때는 계속 머리 아프고 속이 미시껍고[메스껍고], 울렁거리고 숨 못 쉬겠고 그런 거예요. 그래서 "아니 몸이 다 됐나 보다, 안 하던 멀미를 한다, 우리가" 그래서 멀미약도 먹고 머리 아프니까 두통약 먹고 소화 안 되니까 소화제 먹고, 가슴 막 뛰니까 우황청심환 먹고 그러고 저는 다녔어요. 박근혜 판결 나는 날 마지막 회차 전날 숨을 못 쉬었어요, 집에서. 응급실에 갔다 왔는데 그게 공황장애랑 광장공포증이 같이 온 거예요. 몰랐던 거예요, 그게 계속 그 증상이었는데.

근데 우리 가족이 가면 제일 앞에 앉히거든요. 그러면 스피커가 굉장히 커요, 시민들이 워낙 많이 오니까 "쾅쾅쾅" 이게 바닥에서도 울려요. 그러면 심장이 진짜 무리가 오거든요, 이렇게 [가슴을] 때리고 귀가 너무 아파서 이러고 있었어요. 그랬는데 이게 다 공황장애랑 광장공포증이 있었던 건데 그냥 약으로 계속 버틴 거예요. 소화제랑 두통약이랑 그러고 다녔는데 그 전날엔 숨을 못 쉬어서 갔더니 그렇게 나와버린 거예요. 그다음 날 판결인데 안 갈 수 있나요, 또 간 거죠. 가니까 가족들에게 우황청심환 다 돌리고 그러더라고요, 그래서 먹고. 딱 탄핵이 선포하니까 (탄식하며) 그때는 진짜 눈물이 너무 나는 거예요, 눈물이.

면담자        속이 후련한 마음이 있으셨어요?

상준 엄마      아니요, 그때까지도 불안했어요. 될 거라고는 했는데 안 될까 봐 얼마나 노심초사했는지 몰라요. 계속 불안해하고, 할 때까지, 판결문 읽는 중간에도 벌벌 떨릴 정도로 긴장을 많이 해가지고. [판결을] 하고 나니까 맥이 풀려버린다고 그러죠, 맥이 확 풀려버리더라고요. 근데도 아직까지도 탄핵이 우리 세월호 참사의 책임을 물어서 탄핵 된 것은 아니기 때문에….

면담자        탄핵이 되었다고 해서 참사의 진상 규명이 바로 되는 것도 아니었죠.

상준 엄마      그런 것은 가족들이 이미 조금씩 자각을 하고 있었기 때문에.

면담자        일의 종결이 아니라 그때부터 시작인 거죠.

상준 엄마      시작, 시작인데 지금 벌써 오만소리 나오고 있잖아요.

면담자       촛불시위 때 맨 앞자리에 계신 어머님, 아버님들이 스피커나 넓은 광장 때문에 스트레스를 받으셨다는 건 생각을 못 하고 있었어요.

상준 엄마       그러니까 4·16연대도 몇 차 때인가, 중간쯤에서 우리 가족 옆으로 빼달라는 가족들 요청이 있었어요. 뺐는데 그게 바로 코앞에서 바로 옆자리로 옮긴 거예요(웃음). 효과가 없는 거예요, 그러면서 시민들이 "가족들 안 보인다"고 그랬다네요. 그래서 다시 앞으로 가게 되었어요. 그래서 귀도 너무 아파요, 그러면 너무 아프고. 그리고 그때 언제 적이지, 구명조끼 아이들 한 명, 한 명 구명조끼 해서 퍼포먼스 한 적이 있어요. 좀 잔인해요, 사람들이 임팩트 있게 시민들에게 각인시키기 위해 하긴 했겠지만, 그 구명조끼가 어떤 구명조끼인데 이름 한 명, 한 명 해놓고 부모들이 입고 행진을 하고 그러는 거예요. 이미 가족들은 너무 울어갖고 완전히 기진맥진해 있는데 앞에서 공연을 하잖아요. 그 공연하시는 분이 자기 딴에는 가족들 위로한답시고 내려와서 하는데 우리가 웃을 수가 없는 거예요. 다른 때는 같이해 주는데 그때는 이런 퍼포먼스를 하고 나서, 그런데 자기도 "가족들이 너무 안 울어서, 호응이 없어서 힘들었다" 이런 이야기를 했다고 하더라고요, 후기는. 그런 것도 사실 야속하더라고요. 어쩔 수 없이 국민들이 다 같이하기 위해서 그렇게 하긴 하지만. 그러니까 아는 사람이 더 무섭다고 그런 경우들도 있어요.

면담자       여러 활동가들과 같이했어도 생각이 다 다르니까 유가족분들한테 상처가 되는 일도 있었네요.

상준 엄마　　　의견이 다를 수 있잖아요. 다르면 활동했던 사람들이 "아, 그래. 나하고 좀 틀린가 보다" 이러고 나가시면 되는데, 이렇게 그런 소리들을 하고 나가시고 이렇게 척이 되고, 이렇게 되어버리면 그것만큼 안타까운 일이 없죠.

면담자　　　2015년 아이들 수학능력시험 날 광화문에 가방을 놓는 퍼포먼스가 있었잖아요. 그때는 어떠셨어요?

상준 엄마　　　안 봤어요, 저는. 아이들 물품 하나씩 거기 갖다 놓고 아니면 없는 거는 활동가들이 가방이랑 신발 갖다 놓는다고 했는데 저는 안 봤어요. 보고 싶지 않더라고요, 그럴 권리는 있을 것 같아요 (웃음). 너무 그러니까, 그런 것들도 "부모니까 해야 돼" 그러는데 그런 것도 사실은 너무 힘들어요.

면담자　　　유가족들한테 기대하는 바가 생겨버리니까 더 힘드신 거죠?

상준 엄마　　　그러니까 우리 가족이 진짜 상처 입은 가족인 거예요. 근데 우리가 활동을 하고 이러니까 강한 사람들로 인식을 하고 계셨더라고요. 그렇지 않은데, 강하지 않은데 어쩔 수 없이 부모니까. 부모니까 포기가 안 되니까 이렇게 할 수밖에 없는데 강한 집단, 힘이 있는 집단으로 표현이 되고 기대하고. 그런 것들이 일일이 다니면서 "그렇지 않아요" 할 수도 없는 일이고 그런 것들이 어렵죠. 지금도 그래요, 지금도 우리가 활동하고 이러면 활동하는 사람은 다 이겨낸 줄 알아요. 요번에 김영균 님 하는 데 갔는데, 고 이한빛 피디님 어머님도 오셨어요. 그러시더라고 "세월이 지나서 이겨낸 게 아니라 버티는 거고, 견디는 거다, 엄마들은". 이겨내지지가 않아요, 이거는 극복되어지는 문제가 아닌 거예요. 그냥 버티는 거예요, 그냥 견디는 거고. 그래서 우리 가족들이, 활동하는 사람들이 "그래, 너는 그래도 에너지가 있으니까 하는 거지. 우리는 그 정도도 못 나설 정도로 힘이 없어" 그런 사람들이 꽤 많거든요. 에너지가 있어서 하는 게 아니라 쥐어짜고 있는 거예요, 사실은. 쥐어짜고 있는 거예요.

면담자    그러니까 계속 몸이 아프신 거죠?

상준 엄마    예. 그러니까 가족들 머리 안 아픈 사람 없고 귀도 잘 안 들리고(웃음). 워낙 큰 소리들에 노출이 되고 그러니까 목소리도 커지고 눈도 안 보이고. 눈이 너무 아프고 이빨들이 성한 사람이 없어요. 그게 뭔 상관이냐고 하시지만 계속 악물게 되는 거예요. 그러니까 이빨도 성한 사람 없죠, 귀 그렇죠, 아까 말했듯이 허리 다 아프죠, 관절 다 아프죠. 그때는 아픈 줄도 모르고 다녔으니까. 그나마 그때는 그래도 젊었으니까(웃음). 지금은 급격하게 노화가 와가지고, 이게 노화 때문인지 그때 그 영향인지도 모를 정도로.

면담자    오히려 그때는 몸이 아픈 신호를 느끼질 못했던 거네요.

상준 엄마    예, 몰랐어요. 어떻게 다녔나 싶어요, 진짜.

면담자    간담회나 영화상영회 참석 등 다른 활동은 어떤 걸 하셨나요?

상준 엄마    간담회를 몇 번 가기도 하고요, 했는데 제가 눈물이 많아요. 그분들보다 더 많이 울어요. 그래 가지고 얘기를 하면 저도 울고 거기 오신 분들도 울고 그래요. 그러면 저는 말을 잘하는 줄 모르겠는데 자꾸 말을 잘한다고 가족들도 그러고, 그쪽에서도 그러고 몇 번씩 그래서 [갔는데] 가보면 너무 힘든 거예요. 차라리 길거리에서 노숙을 하면 하겠는데 간담회는 사실 힘들어요. 내가 "이렇게 하고, 이렇게 해주고, 이렇게 힘 도와주세요" 이렇게 해야 하는데, 그러고 하고 오면 기운이 너무 빠지는 거예요. 그래서 자꾸 요청은 오는데 그건 몇 번은 안 했죠. 어쩔 수 없는 상황들만 이렇게 가서 해주고.

면담자    말하는 과정이 더 힘드신 건가요?

상준 엄마    그렇죠, 내 이야기를 하게 되니까, 그런데 눈물이 계속 나니까. 이게 참 슬프다는 이런 감정도 없어요, 지금도. 근데 여기는 계속 흐르는 거예요, 내가 제어가 안 되니까. 그 앞에 나간 사람이 계속 이렇게 울기만 하면 보는 사람도 힘든 거거든요, 머리 아프고 가슴도 아프고 그렇게 되는 거죠.

면담자    공방은 언제부터 가신 거예요?

상준 엄마    2018년도에 제가 공방장을 한 거죠.

면담자    공방에서 하신 활동도 많으시니까 그건 내일 졸업식 끝나고 여쭤보는 건 어떨까 하는데 괜찮으신가요? (상준 엄마 : 예) 그럼 오늘은 이 정도로 마무리하겠습니다. 오늘도 너무 힘드실 것 같아서 걱정입니다.

상준 엄마    얘기하는 건 안 힘든데, 그날그날 일을 떠올리면 그게 좀 오래가요, 그게 오래가요.

면담자        몇 년 지난 상황에서 여쭤보니까 다시 헤집어놓는 게
되네요.

상준 엄마      정리된 것은 아니고 아까도 얘기했듯이 봉인이 된 상
태예요. 그래서 가족들이 그쪽 이야기할 때도 저는 그날에 대해서는
얘기를 잘 안 해요. 근데 그 전이나 후 상황들은 얘기를 하는데 그
이야기는 아직은 봉인 상태예요.

면담자        이렇게 애써서 기록으로 남겨주셔서 감사합니다.

상준 엄마      보탬이 될지 모르겠어요, 많이.

면담자        한 명, 한 명의 얘기가 모여 기록이 되면 굉장한 힘이
될 거라고 저는 믿고 있어요.

상준 엄마      (한숨을 내쉬며) 그래야 되는데 그때의 상황들은, 팽목
의 상황들은 아직도 다 밝혀지지가 않아서…. 그때는 하루하루가 다
첨예한 일들이거든요. 조명탑부터, 나가서 한 것부터, 아이들 한 명,
한 명 확인하는 것부터 시작해서 시시각각으로 계속 일들이 많았기
때문에 그런 작업들을 해놓으셔야 될 것 같아요.

면담자        수고하셨습니다.

상준 엄마      네.

# 2회차

2019년 2월 12일

# 1
## 시작 인사말

**면담자**　본 구술증언은 4·16 사건에 대한 참여자들의 경험과 기억을 기록으로 남김으로써 이후 진상 규명 및 역사 기술에 기여하고자 합니다. 지금부터 강지은 씨의 증언을 시작하겠습니다. 오늘은 2019년 2월 12일이며, 장소는 안산시 단원구 4·16기억저장소 기억교실입니다. 면담자는 김세림이며, 촬영자는 강재성입니다.

# 2
## 공방 활동에 대해서

**면담자**　　오늘은 2017년부터 최근까지의 활동과 공방 활동을 여쭤보려고 합니다. 공방 활동을 처음 시작하신 곳은 청운동이라고 하셨는데 그때는 앉아서 버티기 위해 하게 됐던 거죠?

**상준 엄마**　　그렇죠, 하루 종일 아침부터 밤늦게까지 앉아 있어서 하는 게 없었잖아요, 피케팅 간간이 하는 것 외에는. 제일 초창기에는 피케팅도 없이, 그냥 우리가 앉아 있는 것 자체가 피케팅이었으니까 그렇게 했는데, 시간을 보내기 위함도 있고. 같이해 주시는 분들한테 감사의 의미, 우리를 기억해 달라는 의미 이런 걸로 해서 노란 리본을 만들기 시작을 했죠.

**면담자**　　그때 처음으로 만든 리본이 부직포 같은 리본인가요?

**상준 엄마**　　그 전에 벌써 노란 천으로 일자로 만들어서 중간을 당기면 리본 모양이 되는 게 있어요, 솜을 넣어서 하는 그게 더 초기였어요. 그다음에 조금 더 가면서 부직포도 되고, 빵덕이라 그래서 동그란 거에 수도 놓고 이렇게 됐던 거죠.

**면담자**　　최근에는 컬러비즈로 만든 것도 있던데 어머님들께서 계속 아이디어를 내시는 거죠?

**상준 엄마**　　그렇죠, 엄마들이 "이렇게도 해볼까, 저렇게도 해볼까" 우리가 물품을 나눠드리다 보면 한 가지만 하는 게 아니라 해마다 다른 걸로 "이거 신상이에요" 하고 드리기도 하고. 한 번 드렸다고 안 드릴 수 없고 계속 오시니까 감사하고 기억해 달라고 하고, 여러 가지로 변형을 해서 새롭게 나오기도 그랬죠.

**면담자**　　공방장이 되신 건 언제인가요? (상준 엄마 : 2018년 작년에) 총무 활동을 하시다가 공방장이 18년에 되신 건가요?

**상준 엄마**　　총무라는 건 없어요, 공방에는. 각 팀별로 팀장님들 계신 거고 그 외 팀원이랄 건 없어요. 그냥 "어머님들"이라고 하시거든요. 저는 어떤 것, 한 팀에 소속이 된 것은 아니고 공방 활동에서는 계속 활동을 하고 그랬죠.

**면담자**　　공방장을 하시면 하는 역할이 크게 달라지나요?

**상준 엄마**　　좀 달라지죠, 연간계획도 그렇고 프로그램 내용도 달라질 거고 어떤 프로그램을 가져오느냐도 달라지기도 하고.

**면담자**　　전체 주관을 맡으시는 거네요? (상준 엄마 : 그렇죠) 조율해야 하는 일이 많겠어요.

**상준 엄마**    많이 힘들었죠, 조율하는 게 힘들어요(웃음). 한 분 한 분의 의견들이 다 있으시니까 그분들 최대한 담아보려고 많이 노력을 했고. 그리고 점점 활동량도 줄어들면서 어머님들이 자택이나, 칩거라고 하기는 그렇지만 안으로 들어가는 경향들이 있으셨어요. 그래서 조금이라도 더 나와서 가족들하고 같이 어울리고, 그리고 아직도 우리가 해야 되는 목적이 달성이 안 됐기 때문에, 그래서 한 분이라도 더 지치지 않고 다 함께 더 오래갈 수 있게 하고자 노력을 했죠, 2018년도에는.

**면담자**    공방 활동이 고된 걸 버티게 하는 힘이 되는 것 같아요.

**상준 엄마**    그리고 시간을 버티는 데에도 굉장히 기여를 하고, 또 한 가지는 아무 생각을 없게 만들어줘요. 굉장히 많은 생각들을 하면서 앉아 있는데 그 생각들이 건강하고 건전, 활동적인 것이 아니고 더 불안해지고 조바심 나게 되고 안정되지 않은 그런 마음들이거든요. 그런 생각들이기 때문에 이걸 함으로써 좀 더 생각이 집중이 되고 아무 생각 안 할 수 있게 되는 그런 효과도 커요. 그게 오바가 돼가지고 잠도 못 주무시고(웃음) 어깨도 아프고, 손도 아프고, 눈도 아프신데도 계속하신다는 거 그런 게 좀.

**면담자**    어떤 어머님은 손가락 관절염이 오셨다고 하시던데요.

**상준 엄마**    와요, 잠들을 거의 못 자니까 잠 안 오시면 그거를 하게 되면 계속하게 되거든요. 그래서 관절염도 오시고. (면담자 : 어머님은 손가락 괜찮으세요?) 저는 아플 만하면 안 합니다(웃음). 아플 만하면 안 하고, 저는 재능이 없이, 없는 사람이 공방장이 된 거예요. 그래서 맨날 "뭐 만들지 못하는 공방장"이라고 내 입으로 디스하고 다니는데 저는 그런 거에 재능이 없어요. 그리고 어깨가 많이 안 좋았어 가지고….

면담자 　　어깨는 언제부터 아프신 거예요?

상준 엄마 　　한 16년, 15년 그때쯤인 것 같아요. 그때 1년 넘게 움직이지를 못했어요. 오십견에 한하는 것, 회전근계추 어쩌구저쩌구 파열인가 그렇게 되는데 치료 잘 안 가고 이러니까 오래 못 쓰게 되더라고요.

면담자 　　그럼 요즘도 오래 앉아 계시거나 손으로 일을 하시기는 힘드신 것 아닌가요?

상준 엄마 　　안 해요(웃음). 손으로 하는 것 안 해요. (면담자 : 집안일도 힘드시겠네요) 네, 그런 것도 거의 최소한의 할 수 있는 것들만 하고 있어요.

면담자 　　합창단도 있고 다른 것도 많은데 왜 공방을 선택하신 건가요?

상준 엄마 　　재능이 없어요(웃음). 극단에도 재능이 없고 합창단에도 재능이 없는데 공방은 하려고 했던 것은, 왜 그러냐 하면 엄마들이 잘 서 있어야 돼요. 엄마들이 지치지 않아야 되고 엄마들이 포기하지 않아야 되고. 물론 부모님이 계시지만 제가 생각하는 거에서는

상준 엄마 강지은

엄마들이 제대로만 있으면 언젠가는 빠른 시일 내가 됐든, 조금 늦어지는 시기가 되든, 우리가 말하는 진상 규명도 될 거고 책임자 처벌이 된다고 믿고. 그러면서 힘들어요, 우리 가족들이. 사실 일상생활을 한다고 하지만 되는 게 아니거든요. 친목이 되는 것도 아니고 안산 시민들한테 다가가고 있지만 시민들하고 친해지는 것, 속을 다 터놓고 얘기는 못 하고. 유가족들끼리가 제일 편한데 그 장소는 공방밖에 없어요. 물론 반별로 친한 사람들끼리 만나고 하지만 공공의 장소에서 우리가, 가족협의회 내의 4·16 공방 안에서 가족들이 진짜 허물없이, 온갖 이야기를 다 해도 이해가 되는 그런 집단은 없거든요. 그래서 엄마들이 제대로 마음 편하게 치유도 하고, 원하는 게 있으면 얘기도 하고 그거를 이뤄가기도 하고, 그런 장소가 공방이기 때문에 공방을 맡은 거죠.

면담자　　　노래를 부른다든지 다른 활동보다도 손으로 하니까 계속 대화를 할 수가 있겠네요.

상준 엄마　　네, 그렇죠. 만들면서 얘기도 많이 하고, 프로그램 외에도 하기 전이든 후든 앉아서 서로 얘기할 수 있고. 원래 프로그램으로 정형화되기 전에는 그냥 아무거나 자기가 하고 싶은 것 하면서 얘기 나누고. 분향소가 있었으니까 아무 때나 오고 아무 때나 가고 이런 게 있었거든요. 그런 장소였던 거죠, 마음 편히 얘기할 수 있는, 아이를 얘기할 수 있는.

면담자　　　보통 몇 시간 정도 프로그램을 하시나요?

상준 엄마　　지금은 프로그램은 딱 정해져 있어요, 2시간씩. 지금은 프로그램 자리가 잡혀서 2시간씩 하는 거예요. (면담자 : 끝나면 다 바로 가시는 거예요?) 바로 가시는 분들도 있고 앉아서 얘기하시는 분들도 있고 못 한 것도 하시는 분들도 계시고.

면담자　　커리큘럼 같은 것도 직접 짜시는 편인가요?

상준 엄마　　아니요, 커리큘럼은 짜오는 거예요. 온마음센터에서 하는 거기 때문에 짜오는데, 저희가 엄마들 이야기랑 팀장님들하고 논의해서 이러이러한 것들 했으면 좋겠다는 사전의 논의를 해서 정하는 편이죠.

면담자　　팀장으로서 의견을 강력하게 주장하시는 편인가요?

상준 엄마　　아뇨, 저는 그렇지는 않아요. 주로 많이 넣으려고 반영을 하려고 하는 거고요. 프로그램 외에 했을 때는, 제가 했을 때는 처음에는 비전을, 엄마들이 공방에 처음 왔을 때는 아까 이야기했던 대로 그런 목적으로 왔었지만 앞으로는 어떻게 할 거고 지금은 어떤 마음을 가지고 있는지를 찾기 위해 비전 워크숍을 가졌어요. 제가 되자마자 가져가지고 과연 엄마들이 어떤 것을 원하고 공방에서 어떤 것을 하고 싶어 하는지를 찾기 위해서 고심을 많이 했죠.

면담자　　워크숍에는 공방에 자주 나오시던 분들이 다 참여하신 건가요?

상준 엄마　　그럼요. 엄마들, 그러니까 가족은 다 포함이에요, 유가족들은 다 포함이기 때문에 그분들 다 오실 수 있는데 많이 참여는 안 하셔요, 보고는 계시죠. 어떻게 하고 있나 보고는 계시는데,

그래서 그런 것들도 고민을 많이 했고 "어떤 거를 활동을 했으면 좋겠다" 이런 것도 했고. 그리고 동료상담가라고 그게 최근에서야 떠오르는 프로그램이라고 하더라고요. 그게 소방관들이 너무 심리적으로 어렵고 상담받고 이런 것이 어려워서 자기 동료들끼리 서로 이해도가 제일 높아서, 그런 과정이 적십자에서 있어서 그것을 저희 엄마들이 이수를 했죠.

면담자     그것도 정규 프로그램을 이수해야 할 수 있는 거예요?

상준 엄마     예, 그런 것들도 어떤 상태인지도 캐치를 해야 되고, 어떤 상태인지 알면 전문가한테 이렇게 할 수도 있고. 이렇게 유가족이 유가족한테만 이야기한다고 했잖아요, 그랬을 때 속을 넓을 때 우리는 전문가가 아니기 때문에 어떻게 해줘야 하는지를 모르는 거예요. 그러니까 그런 것들도 일반적인 것들을 배우고, 그래서 전문가 과정까지도 있는데 그것까지도 하려고 했는데 여건이 좀 안 맞았어요, 작년에. 그래서 올해로 넘어오게 된 거예요.

면담자     몇 분 정도 이수를 하셨어요?

상준 엄마     36분이 하셨어요, 굉장히 많이 하신 거예요. 성과가 굉장히 좋은 거였는데 그게 쉽지 않았거든요. 하루에 8시간씩 이틀을 꼬박 해야 되는 과정이었는데 어머님들이 다들 좋으셨다고 그래서 1차로 할 것을 한 번 더 해서 36분이 하시게 된 거예요.

면담자     하루에 8시간 수업 들으시려면 너무 힘드셨겠는데요.

상준 엄마     너무 힘드셨죠, 어머님들 되게 힘드셨어요. 왜냐하면 저희가 집중도 잘 안 되고 허리들이 다 안 좋으시고 그래서 앉아 있는 것 자체가 굉장히 힘들고. 그리고 이렇게 얘기를 해야 돼요, 자기 이야기를. 그게 어떤 전문가 이러 이런 과정을 배우는 것뿐만 아니라 자기 속내를 내놓고 해야 되는 과정들이 있어서 그런 것들이 힘들죠. 그런 것들도 하고 "생애주기별로 어떤 감정을 느꼈다" 그런 것들도 그 안에 포함이 되어 있어서.

면담자　　　수업 이수한 어머님들이 구술 면담을 하셔도 되겠는데요?

상준 엄마　　그렇게까지는 아니고요, 하면 조금이라도 서로 간에, 우리가 우리한테밖에 얘기를 안 하는 것 같으면, 이랬을 때 조금 더 예민하게 볼 수 있는 "그래 우리 다 그래, 지금 다 그렇지 뭐" 이런 게 아니라 "아, 이분은 지금 힘들어하는구나", "이것은 소강상태이다" 이런 것들도 서로 간에 캐치가 되는 거죠, 가족들끼리도. 왜냐하면 상담받으러 안 가시거든요. 시간도 있고 일단은 처음에 상담을 거부했던 이유들이 "내 자식이 그렇게 됐는데 우리가, 나 살겠다고 내 마음이 불편하고 몸이 아픈데 병원에 가? 그건 아니다" 이러면서 다 거부들을 하셨어요. 지금도 상당수가 그러고 계시고 있고 그러기 때문에, 이게 거부한다고 해서…. 몸이 계속 나빠지고 감정도 마음이 너무나 안 좋아지고 있으니까 주위에서 유가족이 그래도 제일 가깝게 볼 수 있고, 같이 얘기를 나눌 수, 한마디라도 더 끌어낼 수가 있으니까 그것을 엄마들이 배워놓으면 캐치가 빨리 되겠죠, 도움이 될 수도 있고.

상준 엄마 강지은

면담자     어머님들이 마사지받는 것도 비슷한 이유로 많이 힘들어하셨다고 하더라고요.

상준 엄마     그러니까요, 마사지뿐만 아니라 점점 갈수록 트라우마가, 트라우마라고 할 수도 없죠. 자식 아픔인데 그걸 병으로 표현하면 트라우마가 되는 건데 그게 와요, 안 올 수가 없어요. 안 왔다고 하고 나는 "괜찮아. 괜찮아" 하지만 괜찮지가 않거든요. "괜찮아. 괜찮아" 했을 때 괜찮지 않은 것을 캐치해 내는 게 그게 중요한 것 같아요.

면담자     이수한 효과가 보이고 있나요?

상준 엄마     그렇게까지는(웃음). 그렇게까지는 아닌데 일단은 오셨던 어머니들 자체가 거부하셨던 어머님들이 꽤 많으셨거든요. 그분들이 조금이라도 마음을 표현을 하셨고. 우리 반 초창기뿐만 아니라 참사 나고 굉장히 많은 분들이 자원봉사로 오셨어요, 도와주시려고 의사분들, 간호사분들, 자원봉사분들 하다못해 임상심리 이런 분들 굉장히 많이 오셨는데 오히려 상처를 주셨어요. 그게 저희를, 특이사항을 이해를 못 한 상태에서 도움을 주고자 하고 왔을 때 우리 엄마들이 거기에 상처 많이 받았었거든요. 근데 그거를 교육을 받으면서 동료상담을 배우면서 "그분들이 와서 이렇게밖에 할 수 없었겠구나"를 이해를 하셨어요. "그때 그랬을 수밖에 없었겠구나"를. 그동안에는 "저 사람들 말을 그렇게 했어, 나한테 와서. 그렇게 행동했어"를 굉장히 많은 케이스가 있었는데 이제 그러는 거예요. 만약에 내가 다시 자원봉사로 갔을 때 그분들, 피해 입으신 아프신 분들한테

"어떻게 해드릴 수 있을까요? 어떻게 해드리면 좋을까요?" 했을 때 그분들하고 똑같은 것밖에 할 수가 없는 게 되더라고요, 그런 것들을 이해를 하게 되었어요. 일단 저희가 어디 가서 치유 이런 걸 해준다는 것이 아니라, 일단 그런 것들을 이해를 하게 되었고 마음 다친 건 오해를 풀 수가 있는 거죠. 그래서 일반 과정은 끝낸 거고, 이제 조금 더 [위 단계는] '전문강사반'이라는 명칭이더라고요, 그거를 올해 엄마들이 1차에 이수하셨던 분들이 전문가로 가시게 될 거예요.

면담자     1차 이수를 해야 전문가 과정을 하실 수 있는 거예요?

상준 엄마     네, 실습도 하게 되고 이런 상황이었을 때 어떻게 할 수 있는지도 이런 것도 했고. 그리고 심리적 응급처치라 그래 가지고 그것도 저희 엄마들이 [했어요]. 동료상담가 하셨던 분들 대상 외에 다른 분들도 하실 수 있었고, 그분들도 대상으로 해서 그거를 했어요.

면담자     다양한 활동을 하시네요.

상준 엄마     작년에서야 좀 시도를 했어요(웃음). 그래서 박주민 의원도 저희하고 일을 많이 하셨잖아요. 그래서 그분도 의원이 되셔서, 상황이 되셔서 공방하고 간담회 가졌고, 인권 대표 박래군 재단 대표님 모셔다가 간담회 가졌고, 가족끼리 진상 규명 스터디도 했어요, 그것도 했어요. 왜냐하면 제3자는 객관적으로 조사나 이런 것을 읽기는 괜찮아요. 물론 어려울 수 있지만 그래도 읽는데, 저희는 한 페이지 한 페이지가 너무 힘들었어요. 재판 과정을 읽고 이런 것들도 머리에 들어오지도 않고 그래서 "다 같이 한 번 읽어보자" 그렇게 시도를 해서 작년에 그것도 했죠.

면담자　　　그건 지금까지 계속하고 계신 건가요?

상준 엄마　　　작년에는 했고요. 올해는 다시 플랜을 짜든지 커리큘럼을 짜든지 해야 되겠죠.

면담자　　　판결문 양도 굉장히 많을 텐데 시간이 많이 걸리셨겠어요.

상준 엄마　　　많이 걸리죠, 처음에는 엄마들이 굉장히 힘들어했기 때문에 정신과 의사 선생님도 한 분 모셔다 놓고, 만일의 사태를 대비를 해서 그래 놓고 초창기에는 계속 진행을 했었죠.

면담자　　　그것도 어머님의 주도하에 시작하신 건가요?

상준 엄마　　　예, 그거는 먼저 시작하고. (면담자 : 많은 일을 새로 시작하셨네요) 네, 시작을 했어요. 왜냐하면 그 전에는 공방에서 만들고 이런 것은, 우리끼리만 하던 것도 안산 시민들한테 많이 갔었거든요. 저희가 마을 축제나 이런 것들에 공방 어머님들이 다 나가서 하셨어요. 그래서 하셨는데 실질적으로는 눈으로 보이거나 체감상으로 느껴지는 효과는 없었어요. 상황이 너무 초창기 때라 이럴 때는 힘들었기 때문에. 근데 고 시간은 지났기 때문에 안산 시민들하고 만날 때 우리를 좀 더 알리고 싶은, 세세하게 어떻게 지내고 어땠고 지금 상황은 어떤가를 얘기를 하기 위해서 공방에 나가, 공방에서 프로그램을 나가요. 시민들한테 상담을 나갈 때 그거를 1시간씩을 저희 간담회를 가지고, 그다음에 1시간은 공방 만들기를 해서 하는 시간들로 그렇게 했죠.

면담자        시민들과 함께하는 프로그램은 리본 만들기를 주로 하시는 건가요?

상준 엄마      아니요, 저희가 조금 더 구체적으로 나가요. 리본 만들기 이런 것은 시민들이 싫어하실 수 있어서 저희가 천연 화장품, 퀼트, 그다음에 냅킨아트도 나갔었고, 양말목도 좋아하셔요. 양말목도 많이 나가고 자수나 이런 것.

면담자        그런 작품들에는 세월호를 상징하는 것은 안 넣나요?

상준 엄마      아니요, 넣죠. 그것을 꼭 넣어야죠. 저희가 나갈 때는 세월호 의미를 꼭 담기 위해서 나가는 거고, 저희를 알리고 생명안전공원 문제가 있기 때문에 그거에 대해서도 하기 위해서 꼭 저희 세월호 의미를 꼭 넣어서 하죠. (면담자 : 시민들 반응은 어때요?) 아예 '세월호 어머님들과의 만남'이라고 나갔었어요. 타이틀 자체가 그랬는데 그렇게 나갔으니까 힘드신 분들은 아예 신청을 안 하시는 경향이 있었죠. 그리고 몇 분 오셔도 얘기하시다 보면, 이번에도 나갔을 때 자기가 굉장히 보수 쪽, 저쪽이었다고 하시더라고요. 반대하시는 쪽으로 그러셨는데 1시간 얘기, 1시간을 넘게 보통 얘기가 가요. 1시간 딱 잘라 끝나지 않고 더 이렇게 가거든요. 제지하거나 "바빠서 가야 된다" 이러신 분들도 잘 없으시고 그러시는 거예요. 그분이 "오해하고 있었다"라는 거예요, "세월호 가족한테 오해를 하고 있었다", 자기가 "친구가 세월호 유가족하고 친구인데, 그분한테 전해 들은 걸로만 자기가 다 알고 있었는데 오해한 부분이 너무 많다"고 와서

울으시면서 [말씀하시더라고요]. 다른 데 가서 수업하는데 거기까지도 찾아오셔서 가지고 듣기도 하시고 그러셨어요.

　뭐가 오해가 되냐 하면, 우리가 저번 시간에도 말씀드렸지만 아침에 새벽같이 나가고 밤늦게 들어오고 거의 11시, 12시 되어야 들어오니까, 그때 들어오거나 아니면 몇 날 며칠을 노숙을 하고 들어오고 이러거든요. 그러면 이웃에 수시로 보고 왔다 갔다 하던 사람인데 안 보이는 거예요. 그래서 어떤 가짜 뉴스가 돌았냐 하면 "유가족이 보상금 받아서 해외여행도 가고 이사도 가고 그랬다"라는 거예요. 그냥 진짜 가까웠다고 하면 그것은 오해를 할 수가 없거든요, 아무리 문을 안 열어줬어도 그렇게 할 수는 없는 거예요. 근데 그런 오해들부터 시작해서, 진도랑 안산이 특별재난구역으로 선포가 되면서 세금 혜택을 봤어요. 상하수도세, 전기세, 공용주차장 주차비 이런 것들을 혜택을 받았는데 그런 것들도 "세월호 유가족들이 돈 엄청 받았다더라, 혜택을 얼마를 받았다더라" 이런 걸로 안산 시민들이 말씀들을 하셨어요. 그런데 조금만 들여다보면 아실 수 있는 거거든요. 그거는 세월호 참사뿐만 아니라 어떤 특별재난구역으로 선포가 되면 그 지역은 그런 혜택은 보시는 거예요. 그런데 그게 계속되는 걸로 알고 계셨던 분들도 계시고…. 그런 가짜 뉴스가 워낙에 많이 돌았잖아요. 2, 3년 사이에는 너무 많이 돌았기 때문에 그런 것들 하나하나 아예 저희 입으로 짚어드리면 "그랬냐고, 오해했다고 미안하다"고 그러시더라고요. 우시면서 이렇게 얘기하시더라고요.

면담자　　　추측이 사실처럼 점점 퍼졌네요.

상준 엄마    그렇죠, 왜냐하면 유가족이 그것을 짚어줘야 되는데 거의 대다수가 서울이나 세종시나 목포나 진도나 이런 데 가 있거든요. 그러니까 이게 점점 더 커지고 어떤 일이 벌어지고 있는지를 모르고 있는 거죠.

면담자    그런 만남의 자리가 없으면 안산에 계신 분들과 멀어지는 거겠네요.

상준 엄마    네네, 그 전에는 마을 축제나 이런 것을 나갔을 때는 세월호 유가족이라고 써져 있어요. 세월호가족협의회라고 되어 있고 리본나눔 해주고 양말목도 나눠주고 막 해요. 굉장히 힘들죠, 어머님들 다 아프신데도 나가서 하시는 거예요. 하시는데 만들어 가시는 거예요, 얘기를 나누거나 "어때요", "저기 가족인가 보다" 이러고 가시고 그런 상태로 끝나는 거죠. 거리감을 좁히는 효과가 있었죠, 그렇다 하더라도. 어떤 저기가 있어도 가족하고는 가까워지게 만드는 것들이었죠.

면담자    공방이 취미생활이라든지 자기계발의 자리라는 오해를 받아서 힘드셨던 때도 있는 것 같아요. 요새도 오해가 있나요?

상준 엄마    그게 많이 풀어진 거죠. 작년 같은 경우도 그것보다는 다른 프로그램들 굉장히 많이 시도를 했어요, 저희가. 문이 닫혀져 있던 것은 아닌데 약간 꺼려 하시는 분들도 많이 포용을 하려고 많이 시도를, 여러 가지 방법으로 시도를 했고요. 꼭 손으로 만드는 것 힘들어하시는 분들 계시니까 "다른 방법으로도 오시게 할 수 있는 방법들이 뭘까" 이런 것들도 고민을 좀 많이 했고요. 그래서 오해를 받았던 부분도 사실은 있기는 있어요. 고생은 고생대로 하고 오해는 오해대로 받고 이래서 약간 공방원들은 서운했던 감정들이 굉장히 많거든요. 애를 제일 많이 쓰신 분들이에요. 활동하는 것, 투쟁하는 것 다 하시고 지역에 와서, 지역에 가서 하는 행동들을 다 하시고 그런 분들인데, 밖에서는 오해를 받으니까 서운한 점들은 있었죠.

면담자　　가족분들 사이에서도 오해가 있었던 거죠?

상준 엄마　　예, 있었던 거죠. 이게 가족, 저희가 교육이라는 것을 받고 나서 보니까 아픔을 당하니까요, 옆도, 뒤도 그게 돌아볼 여유가 안 생겨요. 상처가 너무 깊고 아프면 안 보여요, 그게. 조금만 더 들여다보고 이러면 되는데, 그게 안 보이는데 이런 데서 오는 것 같아요. "내 마음을 네가 다 알아주겠지, 네가 다 아는 거 아닐까. 우리 이렇게 하고 있어도 너는 알겠지 말은 안 했지만" 그렇다고 "우리가 이렇게, 이렇게 활동하고 있어" 자랑을 할 수는 없는 거잖아요, 가족들한테. "우리 이렇게 애쓰고 있는데?" 서로 간에 그랬던 것 같아요. 서로 간에 다 알아주겠지 했던 게, 그게 서로 간에 오해들을 생기게 한 것 같아요.

면담자　　말을 안 해도 알고 있을 거라고 생각하는데 그렇지 않은 순간이 오면 더 실망을 하는 거죠? (상준 엄마 : 그렇죠, 표현하는 것도 어려웠고) 공방장을 맡으시면서 주변 시선이 달라진 게 있을까요?

상준 엄마　　저는 원래 나서는 것을 별로 못 하는 사람이에요. 못 하는데 이번에는 "아, 이거는 좀 모아야겠다, 엄마들 뭉치게 해야겠다"라는 느낌이 있어 가지고 나섰는데, 어렵죠. 어디든지 작은 그룹이든 큰 그룹이든 장을 맡게 되면 책임감도 있어지는 거고 말들도 여러 방향에서 다 나올 수 있는데 다 담지를 못하죠. 의견이나 이런 것들 조율할 때도 조율이 제일 어렵잖아요. "이렇게 했으니까 이렇게 오세요" 이 정도는 누구라도 다 할 수 있지만, 어느 정도 합의된 내용으로 가지고 이렇게 하려고 했는데 달라진 게 있죠. 그리고 달라진 게 있다면 제 하고 싶은 것, 할 수 있는 것, 이런 것 시도해 보고 저런 것도 시도해 보고 할 수 있는 것들은, 그런 것들은 좋은 거죠. 근데 공방은 대표성을, 대외적으로 이렇게 하지는 않아요, 4·16공방은 물밑에서 작업을 되게 많이 하는 거죠. 가협하고 똑같은 행동을 하면서 활동 똑같이 하고, 그러면서 안산 시민들 생명안전공원 하면서 친근감 있게 다가가고 이해시키고 이런 것들을 하는 것이기 때문에 크게 대외적으로 하거나 그러지는 않아요. 근데 나가면 목소리는 크죠. 제가 주장은 세게 합니다.

면담자　　어머님이 말씀하신 본인 성향과는 반대되는 거잖아요. 그것 때문에 버겁지는 않으세요?

상준 엄마　　버거워요. 에너지가 그러니까 두 배, 세 배가 들어요. 남들에 비해서 두 배, 세 배가 드니까 에너지 면으로 많이 소모가 돼요. 그래서 1년 하고 다른 분한테 옮겨드리는 거죠.

면담자　　올해까지만 하시는 건가요? (상준 엄마 : 끝났어요. 1월 말로 끝났어요) 원래 임기가 1년씩으로 정해져 있어요?

상준 엄마　　1년하고, 2년까지 연임할 수 있어요. (면담자 : 후련하신가요?) (웃으며) 후련해할 건 없고 제가 의도한 것만큼은 나와서….

104
•
상준 엄마 강지은

가족들도 몇 분 더 많이 합류가 되셨고, 올해는 더 많이 합류가 되셨고, 작년에 이어서 했었던 것들도 계속 이어서 마무리가 될 거고….

면담자    올해는 어느 어머님이 맡으셨어요?

상준 엄마    9반에 윤희 어머님이라고, 그분이 되셨어요.

면담자    장을 한 번씩 맡으시다 보면 공방에 대한 이해도나 결속력도 더 생기겠네요.

상준 엄마    맞아요. 그래서 저는 새로운 분들이 계속, 우리야 가협 차원에서 운영위원장이나 이런 차원이면 자주자주 바뀌면 일이 안 되지만 공방은 다 한 번씩 해보셨으면 좋겠어요. "아, 이래서 어렵구나. 장이라는 자리가 이렇게 어렵고 팀장이라는 사람 자리도 이렇게 어렵고". 팀장도 로테이션을 돌아가면서 새로운 사람이 해봤으면 좋겠고 안 해보셨던 분들도 다 해보시면 그다음에 일할 때도 책임감도 가지고, 더 못 빠져나가시는 거죠(웃음). 이제는 못 빠져나가시는 거죠.

면담자    어머님도 만들어놓으신 게 있으니까 못 빠져나가시겠네요.

상준 엄마    (웃으며) 네, 못 빠져나가니까 그렇게 되면 조직이 튼튼해지는 거죠.

면담자    엄마공방과 아빠공방의 성격이 좀 차이가 있나요?

상준 엄마    차이는 많이 나요, 목공방도 원래는 같이 통합을 하기로 했었어요. 협동조합으로 나가게 되면서 좀 차이가 많죠, 지금 완전히 확연히 달라진 거고.

면담자    아빠공방은 주로 아버님들이 하시나요?

상준 엄마    아니요, 거기도 어머니들 계셔요. 많아요, 어머니들이. 원래 이름이 엄마공방, 아빠공방 이랬었어요, 4·16공방이. 그러다가 저희가 4·16공방으로 되고 아빠공방이 4·16희망공방으로 되면서 그렇게 된 거지. 그냥 '아빠공방' 이래서 아빠들만 계시는 줄 아는데 거기에 어머니도 많으세요(웃음). 아빠공방이래서 아빠들만 계시는 줄 알고 그러는데.

## 3
## 선체 인양과 직립에 대해서

면담자    2017년에는 대통령이 바뀌고 그 과정에서 문재인 대통령과 만남이 있었죠. 문재인 대통령으로 바뀔 때 기대하셨던 것들이 있으셨나요?

상준 엄마    있죠, 있죠. 물론 우리가 겪어오면서 정부가, 국회가, 공무원들이 쉽게 바뀌지 않는다는 건 체감을 했지만 '그럼에도 불구하고 바뀌었으니까. 그래도 세월호 참사는 대통령이 이 문제만큼은 명명백백히 밝혀주리라. 어려움이 있겠지만' 생각은 했어요. 근데 딱 올라가시면서 말씀이 "세월호 참사 건은 2기 특조위가 마련이 되니까 거기에 맡긴다"라는 얘기를 하시는 순간, 실망이었죠. '아, 이렇게 흘러가는구나' 그러면서 주위에서 "기대하지 마세요, 안 돼요"

막 이럴 때도 우리도 이미 알고 있지만 그래도 일말의 [희망을 가졌어요], 왜냐하면 거기가 희망이니까, 또 다른 정부가 들어서면 더 힘들어지니까. '할 수 있겠지, 해야겠지 여기다 해야 되지' 이 생각을 하는 거죠. 그래서 초청받아서 우리 가족들 갔지만 문재인 정부가 다 해결해 줄 거라고, [그렇게 믿고] 가신 분은 없으실 거라고 봐요. (면담자 : 기대보다는 조금 실망하신) 예, 그때부터 지금까지 이렇다 말도 못 하고 소리도 못 치고 "기다려봐, 기다려봐" 하는 거에 그러고 있죠.

면담자    외부에서는 문재인 대통령이 세월호 문제에 관심이 있었으니까 "다 잘된 것 아니냐"라고 보신 분들도 있을 것 같아요.

상준 엄마    아, 오히려 저희 주변에 계셨던 분들이 희망을 많이 걸었죠. "문재인 대통령이 되셨으니까, 다 해주니까 이제 기다려봐" 오히려 그런 말씀이, 가족들보다는 저희 주변에 계셨던 모든 분들이 많이 하셨죠.

면담자    가족분들은 바로 해결이 다 되기 힘들 것이라고 예상을 하셨나 보네요.

상준 엄마    특조위 갖고는 안 된다라는 것은 알고 있었죠. 그리고 이번에 2기 특조위 같은 경우에는 출범 자체가 되게 어려웠잖아요. 패스트트랙이라고 해서 330일 넘게 걸리는 게, 말이 패스트트랙이지 패스트트랙도 아닌 것에다가 본회의 올라갈 때 또 조마조마했었고. 올라가서도 그때 새누리당이 워낙 반대를 했기 때문에 농해수위에서 못 하고 환경부로 가는 바람에 가습기하고 같이 병합이 되고. 그러면서 인원 다 줄어들고 할 수 있는 것들이 점점 더 열악해지는 거죠. 1기 때 아예 못 했는데 그거에서 더 연장해서 2기까지 출범해서 열악한 환경으로 만들어놓고 해결이 안 되면 3기 만들어줄 거예요? 아니잖아요. 방법은 검찰에서 수사밖에 없어요. 수사밖에 없는데 이미 박근혜 때 졸속으로 다 끝내놨으니 다시 하기도 힘들고. 어떻게 해야 될지는 전 모르겠어요. 방법 좀 알려주시면 좋겠어요(웃음). 누가 좀 속 시원히 '이런 방법이 있습니다' 이렇게. 그러니까 국회의원들한테[국회의원들이] 입법을 해야 되잖아요, 이렇게 잘못된 법들이 세상에 너무 많잖아요. 우리나라가 잘못된, 너무너무 많은데 이것들을 안 하고 있는 거죠. 이 사람들 직무유기예요, 처벌받아야 돼요.

　그냥 저러고 놀고만 있으면 안 돼요. 자국에서 그런 일이 났는데 검찰도 지금, 검찰 적폐도 수사해야 되는데 안 되는 거죠. 그걸 판단할 사법부도 지금, 우리나라 입법부도 안 되고 사법부도 안 되고 행정도 안 되면 어디다가 우리가 이거를 풀어야 돼요? 이게 다 잘못된 거죠, 쇄신이 돼야죠(웃음). 근데 그런 것 같아요, 우리 세월호 참사 같은 경우는 진짜 곳곳에, 진짜 너무 광범위하잖아요. 곳곳에 있는 분들이 양심 고백해 주셨으면 좋겠어요. 너무 입 다물고 계시는데 다들 자기 개인, 조직이 다칠까 봐. 조직이 우선이잖아요, 그런 게 다칠까 봐 입 다물고 계시는데 양심 고백해 주셨으면 좋겠어요. 봇물 터지듯이 여기저기서 해주시면 좋겠어요. 우리나라가 그러더라고요. 내부고발, 양심 고백하신 분들 더 힘들어지시고 그 후에가 더 힘들어지시니까, 하기가 굉장히 어려운 여건들이 계시는 거죠. 그런데 그런 것들이 자리 잡으려면 양심 고백이 나와야 하고 내부고발이 나와야 되는 거죠.

면담자          2017년 3월 2일에 세월호 선체조사위원회의 설치 및 운영에 관한 특별법이 가결되고, 선체 인양 계획이 발표되고 그 이후에 선조위가 결성되는데 그즈음 해서 어머님은 어디에 계셨나요?

상준 엄마          목포도 왔다 갔다 했었고요, 선조위도 왔다 갔다 했었고. 그런데 진짜 그것도 너무 말이 안 되는 거예요, 사실은. 진짜 세월호는 한 가지도 말이 되는 게 없어요. 인양도 그리 쉽게 될 걸 그렇게 바닷속에서 방치해서 가족 품으로 못 돌아온 분들이 아직도 계시는 거고, 그거를 방해했다는 것 자체가 용납이 안 되는 거고. 데리고 인양을 해서 올라와서도 직립 그리 쉬운 걸 그걸 안 하고…. 가족협의회에서 제안했던 것들이 있어요, 진흙, 뻘[펄] 같은 것도 굳어지면 작업하기 힘들어지니까 바닷속에서 뻘을 어느 정도 처리가 되는 방식이 있었어요, 그런 방식들도 제안도 하고 그랬어요. 그런 것들도 안 듣고는 시간은 시간대로 비용은 비용대로 다 쓰고, 결국 뻘은 막 그렇게 돼서 작업도 힘들어지고. 그러면서 선조위 미수습자 수습한다고 선조위가 그러면서 시간 다 끌고 결론 안 내고 자기들끼리 싸우고. 말이 안 되는 거예요, 특조위가 그렇게 됐으면 자기들이 해양 전문가고, 법조 전문가고 간에 사명감을 가져야 되지 않나요? 그 속에서 476명이 피해를 당했고, 재산상의 피해를 그만큼 당했고 사망자 304명이 나온 배인데, 선체 조사는 제대로 해놔야죠. 자기들끼리 입장 갖고 싸울 게 아니라 객관적으로 타당성 따지고, 어느 파, 어느 파 이런 게 될 게 아니라 선체 조사 결론 내놔야죠. 기간 다 끝나갈 때 직립했어요. 조사 못 한 곳도 있어요. 말이 되냐고요.

면담자       선조위에서 발표한 보고서도 탐탁지 않으셨겠어요.

상준 엄마     당연히 탐탁지 않죠, 직무유기예요. 그것도 책임을 다하지 못한 거예요, 그 사람들이. 그것 때문에 가족들이 가서 회의 때마다 참석해 갖고 얘기하고, 참관도 못 하게 한 것도 많았고요. 얘기하면 듣지도 않고요, 특조위 때 했던 것들을 그대로 했어요. 당만 바뀌었을 뿐이에요. 디지털 포렌식도 선조위 때라도 다 해놨어야 돼요. 1기 때 못 했으면 선조위에서라도 해놔야죠. 그거 다 그대로 넘어왔어요. 2기가 안 그래도, 아까도 얘기했지만 인원이 다 부족한데 선조위 사람들도 그거 다시 처벌받아야 돼요. 다 처벌받아야 되지만 선조위 사람도 처벌받아야 돼요, 얼마나 막중한 임무를 띤 건데.

면담자       선박에서 발견된 블랙박스를 포렌식해서 영상이 공개되고 영화도 제작됐죠. 침몰의 원인에 대한 문제 제기도 되었고요. 그런 문제 제기들을 보실 때는 어떠셨어요?

상준 엄마     저는 그런 것들은 많이 나왔으면 좋겠어요. 물론 근거가 가지고 나올 수 있는 것들을. "아, 이럴 수 있어" 가설이 아니라 그 가설이 뒷받침할 수 있는 증거를 가지고 그런 문제 제기가 많았으면 좋겠어요. 우리나라에 해양 전문가들 많잖아요, 선체 전문가들 많잖아요. 그 전문가들이 자기 입장만 내세우지 말고 서로 의견들을 모아서 그래 줬으면 좋겠어요, 그쪽으로 좀. "내 게 맞아, 내인설이 맞아 외압설이 맞아"가 아니라 선체 조사를 정확하게 하고 그거를 토대로 외압설이 되었든 내인설이 되었든 정확한 결론을 내줬어야지. (면담자 : 결론이 아직 안 났죠?) 네, 자기들끼리 그러고 싸울 일이 아니잖아요, 이거는.

면담자        결론이 안 나니까 유가족분들은 더 답답하시겠네요.

상준 엄마        그렇죠, 더 답답하죠. 우리나라 전문가들이 얼마나 나쁜가 하면 언론과 똑같아요. 우리가 팽목에 있을 때 참사 탁 난 날 벌써 "보험금이 얼마다, 1인당 얼마 탈 수 있다" 이게 언론에 나갔다고 해요. 해외는 그 수온에서, 그 바다에서 그 수온이면 몇 시간이 생존할 수 있는지 그런 것이 나왔다고 하더라고요. 이게 틀린 거예요, 언론이 돈에 휘둘리다 보니까 그렇게 되는 거예요. 국민들이 혹하고 그러면 안 되는 거예요. 언론에도 잠수함 몇 대, 비행기 몇 대, 잠수 인력이 몇 명, 몇백 명 실제로는 투입이 안 됐는데 그거 그대로 받아쓰면 기자들이 아니죠. 사실을 팩트 체크를 하고 캐야죠.

면담자        언론에 대한 생각이 많이 바뀌셨겠어요.

상준 엄마        완전히 바뀌었죠. 그때도 참사 가서 밑에 가서 봤을 때도 실시간 우리도 봤을 것 아니에요. 전광판에 나오고 그랬을 때 우리 여기 사고 해역에 갔다 온 부모들이 직접 보고 왔는데 자꾸 그렇게 나와버리니까 '못 믿겠다'가 된 거예요. 그래서 에어포켓 이야기가 나왔을 때도 우리 얘기가 분노하고 이런 것들이 안 나온 거예요. 뭐 해달라고 이런 것들이 하나도 안 나와서 72시간이 종료되기 몇 시간 전에 저희가 팽목에서 무릎 꿇고 빌었어요, 해경들한테, 거기 있는 기자들한테, 보도가 안 나가니까. "우리 이러고 있어요. 아이들 살려달라"고 무릎 꿇고 빌었어요. 저렇게 안 하는 건 줄 모르고, 해경이 와서 못 구한 줄도 모르고 그렇게 빌었어요. 에어포켓 얘기한 것도 그 사람들이고. 에어포켓이 없었잖아요. 없었고 공기 주입도 말도 안 되게 공업용 0.4, 42밀리리터[ml]. 공기도 안 들어가는 그거 딸랑, 세 대도 안 되고 한 두 대는 고장 나고 한 대만 들어가고 말도 안 되는 짓거리들을 하고 있었잖아요. 그거를 언론들은 크게 뭐라도 되는 것처럼, 따져들지 않으면 모르듯이. 그 큰 배[에] 공기[를 넣는데] 그렇게 돼갖고 공기 주입이 되냐고요. 결론은 놀아난 거예요, 정부에 아니면 어떤 경제 세력이든 간에.

벌써 8시 11분에 MBC랑 연합뉴스랑 보도자료 내려갔잖아요, 진도 앞바다에 배 좌초됐고 전원 구조됐다고. 우리 아이들 8시 48분에 최초 신고 들어갔어요, 어떻게 알고 8시 11분에 보도문이 내려가냐고요. 아직 안 밝혀졌잖아요, 그거 혐의 없음인가 뭔가 밝혀져야죠. 그건 의혹이 아닌 거예요, 이미 내려간 사실이 있는 거고 보도문이 내려가 있는 거고 실제로 이루어진 일이고. 그것을 정확하게 밝혀내는 게 검찰이 해야 되는 거고 정부가 해야 되는 일이에요. 특조위 때도 못 했고 지금도 안 되고 있잖아요.


## 4
## 2018년 합동영결식, 2019년 명예졸업식


면담자 　　참사 직후부터 '대체 왜?'라는 질문을 계속할 수밖에 없는 상황인데, 5주기가 가까워지는데도 그 질문에 대한 해소가 안 되신 거죠?

상준 엄마 강지은

상준 엄마    안 된 거죠. 그대로인 거예요. 처음에 우리가 아이를 데려다 놓고 나서도 바로 떨쳐 나올 수밖에 없었던 이유가 아직까지도 진행형인 거죠. 그러면 안 되는 거예요. 우리가 5·18도 누가 그랬는지는 정황 다 있죠, 일제도 사죄 못 받고 있죠, 이거는 안 되는 거예요. 그렇다면 그렇게 된 것들을 차후에, 최근에 일어난 것들이고 밝힐 수 있는 것들이잖아요. 얼마든지 밝힐 수 있는 것들, 의지만 있다면 해줘야죠. 명예졸업식도 아이들 제적처리 됐다가 그냥 명예 회복돼서 졸업한 거예요, 우리 아이들이.

면담자    어머님은 명예졸업식을 하길 바라셨나요?

상준 엄마    원했다, 안 했다는 의미가 없어요, 아이가 없으니까. 어이가 없어요, 그렇다고 해서 "제적처리 해서 우리 아이가 명예졸업, 졸업도 못 하겠다" 그건 아닌 거예요. 이 마음이 천 갈래 만 갈래예요. 졸업을 안 시키고 싶어요, 단원고가 맘에 안 들고 교장이 우리한테 했던 일들이 있기 때문에 그것도 맘에 안 들어요. 근데 단원고의 교장 이름으로 졸업장을 받죠. 그거 받기 싫어요. 그런데 우리 아이는 제적이나 혹은, 졸업 못 하고 계속 있는 상태도 원치 않아요. 동생은 먼저 졸업을 했고 얘도 벌써 대학교 졸업반이 돼요, 정상적으로 간다고 하면. 우리가 죽고 나면 얘는, 이런 이들은 누가 처리해주냐는 거죠. 우리가 있을 때 해야지.

면담자    기록에 없는 채로 졸업장만 남아 있으면 왜 몇 년이 걸렸는지 모르는 거죠.

상준 엄마    졸업은 (긴 침묵) 말이 250명이죠, 말이. 지금 구술하시는 한 명, 한 명 아이들이 배 속에서 있을 때부터 자라고 교육받고 하는, 그 역사가 있는 아이들이 250명인 거예요. 강당 꽉 찼어요. 운동장에 채워놔도 애들 한 운동장에 다 차는, 전 학년 중에 250명인데. 그 자리에 엄마들이 앉아서 아빠들이 앉아서 명예졸업을 지켜보는데 "너네들이 이렇게 해서, 이렇게 됐어"라고 해줄 수 있는 말이 없어요, 아직도. 우리가 그렇게 해서 "어머니, 아버님들 잘하셨어요. 이때까지 그러신 분 없어요" 백날 이야기해도 위로가 안 되는 거예요. 우리는 애 앞에 떳떳하게 "이렇게 했어. 너 이랬어, 그렇게 됐대" 설명해 줄 수가 없는 거예요. 그런 거 외에는 아무 의미가 없는 거예요. 이 정부가 애들한테 명예졸업 할 때 최소한의 아이들의 인권이나 생명을 존중한다고 하면 수사한 것, 책임자 처벌, 애들 앞에 영정 앞에 [놓고] "이러 이렇게 처벌됐다"고 해줘야죠. 밝혀줘야지 되는 게 맞다고 봐요.

그런데 우리 아이들 생명안전공원 오기 전까지 분향소 빼기 싫은데 빼줬어야 됐고, 진상 규명될 때 전까지 졸업시키기 싫었는데 졸업을 해야 되고, 어떻게 보면 포기라 볼 수 있어요. 그런데 그거 아니에요, 내 목숨이 살아 있는 한은 그거 풀고 가야 해요. 왜, 죽어서도 눈 못 감는다고 하잖아요. 그거 안 밝혀지면 저희 죽어서도 눈 못 감아요.

면담자     정부에서 세월호가 잊혀지기만을 기다리는 것 같다는 생각이 드실 것 같아요.

상준 엄마     처음부터 그랬죠, 처음부터 그랬고 '정부가 달라지면 괜찮아질까' 하는 게 있었지만 그것도 어림없었죠. 해경 해수부가 원래는 사실은 제일 주 책임자일 것인데, 해수부 장관이 바뀌었는데 그분도 당선되시자마자 마무리 수순을 밟으셨고요. 그리고 미수습자들 장례식 치를 때 유골이 나왔잖아요, 숨겼어요, 그 사람들이. 그 사람들 몇 년을 내 새끼 전체 온전하게 바라는 거 아니었어요. 알고 있어요, 가족들도 손가락 한 마디, 발가락 한 마디 그거 내 새끼인 거 알고 그거 찾고자 그렇게 기다린 세월들이에요. 그런데 나왔는데, 미수습자 장례 치러야 한다고 그거 숨겼어요. 그게 장관이 바뀌고 정부가 바뀌고 난 뒤 이루어진 일이에요. 가족들은 어떤 생각이들까요, 거기에. 불신이 되는 거죠, 불신이(침묵).

**면담자**      지금은 불신만 남아 있는 것 같아요.

**상준 엄마**      그렇죠. 그런데 아까도 얘기했듯이 어디든 이 부모의, 우리들의 아픔을 조금이라도 느끼고 자기가 하루라도 잘 때 편히 못 자겠는 사람 있으면 양심 고백을 해주셨으면 좋겠어요. 자기가 근무 하던 곳에서 '이거 진짜 아니었었어, 그래서는 안 되었었어'라고 죄책감을 느끼시거나, 죄책감까지는 아니더라도 너무 잘못된 거였다고 느끼는 사람들이, 잠을 편히 못 주무시는 분들이 계신다면 양심 고백해 주셨으면 좋겠어요. 선장, 선원들도 해주셨으면 좋겠어요. 근무를 하루를 했든 한 달을 했든 임시직이든 누가 봐도 이상했잖아 요. 영화처럼, 해경이 딱 갔는데 선원들만 딱 구해 나오고 1, 2, 3열은 둘러보지도 않았어요. 세월호에 무선도 안 했어요, 가서 그 사람들만 데리고 나왔어요. 선원이 손짓하는 곳에 아이들 유리창에 다

115
•

비쳐서 사진 찍혀 있는데 못 봤다잖아요. 헬기도 응급구조사가 내려 갔는데 배 쪽으로 기어 내려갔어요. 근데 창가의 아이들을 못 봤대 요. 그 사람 상받은 사람이에요, 구조반으로 십몇 년을 근무한 사람 이에요. 어떻게 그럴 수가 있어요, 어떻게 그걸 잊어요? 부모들은 아 이들을 봤는데 살려달라고 손으로 때리고 발로 차고 그러고 나왔는 데 어떻게 그만하라고 그러고, 세월이 약이라고 그러고, 그만하면 되지 않았냐고, 지겹지도 않냐고. 안 지겨워요, 저는. 하나라도 이해 를 시켰으면, 하나라도…….

면담자　　　선체 인양 후 조사 과정에서 유류품 관리를 제대로 못 한다든지 하는 문제들이 있어서 더 불안하셨을 것 같은데요. 부모님 들이 조사 과정을 계속 감시하셨나요?

상준 엄마　　계속했죠, 계속했죠. 바닷속에 있을 때부터 가족들이 그랬죠. 처음에 "아이들 유실되니까 펜스부터 쳐달라" 그랬더니 3미 터 해놨어요. 수심이 40미터 되는 데에다 위에 3미터 이렇게 쳐놓은 거죠, 초창기에 이야기했어요. 쳐놨는데 날아갔대요, 다시 쳤는데 또 그래요. 2년 내내 바닷속에 놔뒀어요, 우리나라 많은 업체들 빼 고 중국 상하이에다가 샐비지에다가 또 맡겼어요. 그러면서 우리 가 족들 못 지켜보게 해서 동거차도에 가서 감시 처소까지 만들게 하 고. 해경이 우리를 접근을 못 하게 했어요, 상황들도 공유를 하지 않 았고. 그러면서 선체 갔을 때도 마찬가지예요. 인양해 왔을 때도 가 족들이 믿고 '정부가 알아서 해주겠지'가 안 되는 거예요. 우리 눈으 로 봐야 되고 우리가 지켜봐야 되고 모르니까 찍어라도 봐야 되고….

면담자 모든 걸 직접 하시게 된 거죠?

상준 엄마 그럴 수밖에 없었어요.

면담자 2018년 4월 16일 화랑유원지 정부합동분향소에서 합동영결식이 있었는데 부모님들께서는 굉장히 허무하셨다고 해요. 그날 기분은 어떠셨나요?

상준 엄마 분노했어요, 저는 분노했어요. 아이들 그렇게 갔으면 부모들이 투쟁하고 있었어도 돌아올 자리는 해놨어야죠. 안산시가, 정부가 해놨어야죠, 저는 그렇게 생각해요. 4년이면 건립하고도 남아요. 물론 우리가 추모비 하나 세우고, 추모공원 아무 데나 하는 그런 거 바랐다면 해놨겠죠, 저 사람들이. 그거 바라지 않았잖아요, 이때까지 우리나라들이 추모비 하나 세워놓고 추모공원 따로 해놓고, 사람들이 [추모공원이] 어디 있는지 알아요? 몰라요. 삼풍백화점, 성수대교 어디 있는지 몰라요. 그분들 어디에 계시는지, 추모비조차도 어디에 있는지 몰라요. 그렇게 멀리까지도 안 가도 대구 지하철 참사 그거 어디에 있어요. 생명안전공원도 아니고 추모공원도 아니에요, 거기는 교통안전공원인가 그렇게 되어 있어요, 대구 완전 변두리에. 근데 우리 아이들 추모비 하나 달랑 세우고 추모공원 어디다 세워놓고, 좀 따뜻하게 품어주고 안아주면 안 되나요? 우리 아이들, 대한민국의 아이들 안 낳는다고 힘들다고 문제라고 우리가 고이 낳아서 이렇게 키워놨으면, 이렇게 억울하게 갔으면 따뜻하게 안아주게 데려와서…….

부모들 저러고 있겠지만 열두 곳에 흩어진 아이들 한곳에 모아주면 안 돼요? 말로만 명품 도시, 국제적인 도시 만들어준다는 게 아니라 실질적으로 '추모공원, 생명안전공원 여기다 해주겠습니다. 여기다 이렇게 짓겠습니다' 이거 못 하나요? 시장이 시민들 눈치 보고 정부가 눈치 보고 있고. 우리는, 아이들은 이렇게 억울하게 만들고 올 곳도 없어서 이렇게 부모들이 진상 규명부터 먼저 외쳤어요. 생명안전공원부터 외치지는 않았어요. 왜 그랬겠어요. 그래도 데려올 곳을 해놨으면, 그리고 빼라 그랬으면 그렇게 분노하지는 않았을 거예요.

**면담자** 화랑유원지에 있던 분향소가 없어지니까 아이들을 보러 갈 만한 곳이 없는 거죠?

**상준 엄마** 없어졌죠. 그래서 아이들만 있는 곳이라도 해놓고 싶었어요, 사실은. 근데 약속을 했대요, 제종길 시장하고 그런 거 다 빼기로 했다고. 그렇게 하기로 하고 화랑유원지에 생명안전공원 해주기로 했다고. 그 사람 내내 눈치 보다가 막판에 가서 그 말을 했는데 떨어졌어요, 선거에서. 뒤에 시장되는 사람들 "시민들 뜻에 따르겠습니다" 이러고 발 물러섰어요. 지방선거 때 우리 가족들 안산에서 처음으로 피케팅했어요. 생명안전공원 서명 말고 처음으로 피케팅했어요, 그분들이 너무나 심했기 때문에. 안산에 우리 부모 외에 아이들, 형제자매들 다 있었어요. 그런데 차에다가 "납골당 반대" 해골 그림 그려가지고 스피커 빵빵 틀어서 아이들 학원가, 중심가 다 돌아다녔어요. 그 소리들은 형제자매들 어땠을 것 같아요? 집에 와서 펑펑 울고 부들부들 떨고, 애들이……. 우리 안산에서는 우리 아이들 데려와야 돼서 엄마, 아빠들 안산에서 투쟁 안 했어요. 서울 다른 데 지방, 진도 이런 데서는 했어도 안산은 안 건드렸어요. 우리 아이들 자란 고향이고 다시 와야 되고 안산 시민이 품어줘야 돼서. 그런데 지방선거 때 너무 심해서 엄마들이 피케팅했어요. 그것도 더 심하게 못 했어요, 데려와야 돼서. "생명안전공원, 우리 이렇게 원합니다. 이러이러한 식으로 합니다" 그거 했어요, 비난도 못 했어요. 그런데 자유한국당 사람들이 그렇게 했어요, 지금도 그러고 있어요. 우리 아이들 그렇게 잘못한 거 없어요. 학사일정으로 그냥 수학여행 간 거뿐이에요.

**면담자**     총선 때 부모님들은 안전공원을 약속한 전 시장을 지지하셨어요?

**상준 엄마**     지지했어야만 했죠, 왜냐하면 생명안전공원을 여기다 해주기로 하니까. 우린 약속을 다 지켰는데 저쪽은 약속을 안 지키고 있는 거죠. 지금 진행은 되고 있지만 얼마나 방해를 하고 있는지도 몰라요. 왜 자기 주관을 가지고 밀어붙이지 못하고 주장하지 못하는 건지.


## 5
## 활동의 동력과 아픔의 연대


**면담자**     어머님은 공방장을 하셨기 때문에 2017년부터 2018년에는 거의 공방에 집중하셨나요?

상준 엄마     17년도가 뭐였지? 아까 선체조사위랑, 생명안전공원 안이랑 그런 것들 하고 있었죠.

면담자     꾸준히 활동을 하고 계신데, 활동을 지속할 수 있는 계기나 동력이 있을까요?

상준 엄마     사실 얼마 못 싸웠어요. 한 5년밖에, 5년도 안 됐는데 뭐.

면담자     어머님은 언제까지 투쟁하실 거라 전망하시나요?

상준 엄마     아이 앞에 "이러이러했어"라고 해명할 수 있을 때까지.

면담자     활동하는 와중에 쉬고 싶을 때는 없으셨어요?

상준 엄마     그건 활동가들이, 시민 단체들이 하는 거고요(웃음). 물론 시시때때로 너무 힘들 때가 있어요. 진짜 계란으로 바위치기처럼 답답할 때가 있어요. 지금 하다 보니까 입출력이 안 돼요. 들어오는 것도 잘 안 되고 나가는 것도 안 되고 머리가 완전히 돌덩이가 되어가지고, 돌보다 밀도가 더 높은 철 같기도 해요, 단단한 쇠 같기도 한데. 그래서 '좀 쉬고 싶다'라는 게 앞에서 나서지 말고, 활동은 하는데 이렇게 주도적으로 하거나 이런 것은 뒤로 물러서서. 물론 크게 하지는 않았지만 그래도 매번 안 빠지고 모두 다 쫓아다녔으니까. 참사에 대해서 정리하기가 필요해요, 정리가 너무 안 되고 있거든요. 그래서 정리가 좀 필요해요. 그래서 그거 봐가면서 하려고.

면담자     그런 정리가 필요해서 진상 규명 스터디도 시작하신 거겠네요.

상준 엄마    네네, 그런데 쉽지 않더라고요. 오히려 부모들이 더 잘 알아야 디테일하게 싸울 수가 있는데 이게 되지가 않아요. 자료만 보면 너무 머리가 아파요. 국회에 있을 때도 타임라인 이렇게 보려고 했는데 안 되더라고요. 그래서 시일이 지나면 되려나 했는데 더더욱 바보가 되어가고 있어요, 더 안 되고 있어요.

면담자    상황이 계속 누적되고 워낙 다방면으로 일이 생기니까 한 개인이 그 타임라인을 꿰기가 버거우실 수밖에 없죠. (상준 엄마 : 없더라고요) 진상 규명까지 계속한다는 입장이신 거죠? (상준 엄마 : 해야죠) 아버님도 같은 입장이신가요?

상준 엄마    같은 입장이죠. 이거를 누가 해주겠어요, 우리가 안 하면. 근데 방법을 모르겠다니까요, 진짜 미칠 것 같아.

면담자    후회하는 순간도 있으세요? (상준 엄마 : 예예, 좀 많았어요) 어떤 일이 있으셨어요?

상준 엄마    가족들이 처음에 굉장히 많이 하셨잖아요, 그런데 점점 줄어나갈 때가 있었어요. 그 인원 그대로 계속 싸웠다면 이렇게 되지 않을걸, 용두사미가 안 될걸.

면담자    활동을 중단하거나 빠지는 분들한테 섭섭한 때도 있으셨겠네요.

상준 엄마    많이 섭섭했어요. 거기서 빠질 때마다 제가 맨날 반 대표들이랑 장문의 글과 편지들, 전화를 하고 그랬는데 그때는 이해를 못 했어요. 제가 딸이 아픈 모습이 나중에 보였듯이 유가족의 아픈 모습이 나중에 보였어요. "왜 그게 안 돼, 왜 안 나와, 왜 그렇게 돼, 왜, 왜" 부모들한테도 그게 컸어요. 그랬는데 안 되는 사람은 안 되는 거예요. 아파서 소리조차 못 지르는 사람들, 그런 사람들이 있는데 저는 그거를 이해를 못 했어요. "나도 소리를 못 지르는 사람인데, 나도 나와서 하는데 당신들은 왜 안 돼" 이게 되게 심했거든요. 그래서 저뿐만 아니라 몇몇이 더 그랬어요, 가족들이. 안 나오는 분들에 대한 이해가 안 됐던 부분들이 있어요. 그런데 몇 년 지나고 나니까 그 모습들도 들어오더라고요. 저분들도 굉장히 아파서 못 나오시는 거고 우리는 우리대로 아파서 나가는 거고. 그런데 못 나오시는 분들도 나가는 사람보고 "그래도 그 정도 힘이 있으니까 나가는 거야" 하는 거예요. 우리도 힘이 없어서 나오는 건데. 그러니까 서로 간에 같은 건데, 제가 병원에 갔더니 잠을 너무 자는 것도 너무 못 자는 것도 밥을 아예 못 먹는 것도 너무 먹는 것도 같은 증상이라는 거예요. 그거를 이해를 못 했었어요. 잠을 너무 못 잔대, 그런데 나는 집에만 가면 머리만 대면 잤어요, 몇 년 동안. 근데 그게 같은 증상이었다는 거를 나중에 상담받을 때 알게 되더라고요. 그것도 나중에 보이더라고요, 가족들이 아파하는 모습들도.

**면담자**　　　그거는 둘째 아이하고 대화하시면서부터 더 많이 보이신 건가요?

**상준 엄마**　　　그러니까 마음이 여유가 생겼다면 생긴 거죠, 그게 보였다는 게. 그 전에는 아예 안 보였는데 그게 보였으니까. 딸이 아픈 게 보이면서 유가족들이 아파하는 게 보였, 그 시기쯤인 것 같아요.

좀 더 뒤라면 뒤일 수도 있고, 그때는 공황장애로 병원 가면서 상담 받으면서 자꾸 듣고 이런 것들이 있으니까 "그렇구나"라고 된 것 같아요.

**면담자** 말로 듣는 것과 그것을 진짜로 가슴으로 느끼는 것은 별개잖아요. 빨리 수용을 하셨나 봐요.

**상준 엄마** 아니 봤으니까, 저도 보지 않으면 잘 못 믿는 사람인데 봤으니까요. 가족들이 아파하는 것도 보고 병원에 가서 입원하는 것도 보고. 우리가 장례식을요, 제가 진짜 참사 나고 나서 장례를 전국에 진짜 많이 가봤어요, 엄청 많이 가봤어요. 가족들부터, 우리 유가족들의 가족들이거나 그런 분들이 돌아가시면 같이 가게 되면 기존에 알고 있던 인간관계에서 유가족이라는 굉장히 큰 250명이라는 가족이 생겨버렸어요. 거기에 친가, 외가, 형제, 자매까지 이렇게 가다 보면 굉장히 많아요. 그런 것 있잖아요, 기쁜 일에는 못 가도 슬픈 일에는 같이해 주자고 슬픔 덜어주자고. 장례식장을 굉장히 많이 다녔어요. 그런 와중에도 하다못해 연화장이나 이런 데 성화원 같은 데, 가야 되면 진짜 가슴이 너무 아파요, 다 떠오르니까. 너무 많이 떠오르니까 너무 힘들어요, 그런 곳들 다녀오는 데가. 그래도 안 가본데 없이 가보고 죽음을 많이 접했죠, 지금은. 접했는데 진짜 어떤 죽음도 슬프지 않고 가서 아프지 않은 죽음이 없겠지만 자식은 잃어본 사람만 알 것 같아요. 저희가 물론 몇 년씩 가는 분들도 계시지만 부모님이든 아니면 어르신들이든 누구 돌아가시면 1년이든, 일주일이든 이렇게 하고 나면 어느 정도 일상으로 돌아가게 되잖아요, 이게 일상으로 돌아가지지를 않아요.

**면담자**　　그러다 보니까 김용균 어머님이라든지 자식을 잃으신 분들하고 더 연대가 되시는 거죠?

**상준 엄마**　　예, 그런 데는 다 연관, 연대가 돼요. 특히 젊으신 분들은 특히나 더 되고. 김복동 할머니 때도 저희가 다 갔다 오고 그렇게 해요. 4·16가족협의회가 "그런 곳은 다 같이 연대하자, 우리를 손 잡아 준 곳들은 웬만한 곳들은 다 다니자"라는 게 있어요. 그렇게 갔다 왔는데 진짜 공감이 돼요. 그런 데는 더 가슴 아프고 갔다 오면 똑같이 몇 날 며칠 아프고 힘들어요.

**면담자**　　미수습자 가족들 49재도 어머님 함께해 주시고, 같이 절도 오르시고 하셨죠?

**상준 엄마**　　작년, 작년인데요. 그분들이 저희 아이들이 있는 대각 사로 오게 되어서 같이 올라갔죠. 그 전에 계속 찾아뵙긴 했지만, 그분들이 심정까지도 같은, 그게 되게 참 그런 게 우리는 일찍 올라왔고 그분들은 너무 늦게, 그리고 찾지도 못하고 올라오셨잖아요. 같은 입장이라고 할 수 없어요. 아파요, 그분들 되게 많이 아프신 분들이에요. 그런데 그분들하고 우리하고 오해가 있었잖아요. 있어 가지고 아직도 간격이 안 좁혀지신 가족들도 계시는데 우리는 최대한 이해하려고 해요, 우리가 이해 못 받았던 것들이 있기 때문에. 근데 그 심정 이루 말할 수 없죠, 어떻게 말하겠어요. 근데 너무 아프신 분들이에요, 우리도 그분들한테 어떤 말을 전하지를 못할 정도로. 그래서 친분 있거나 이런 건 아니고 협의회에서 서로 오고 가고 인사하고 그런 가족들인데, 그것도 49재 마음 오죽할까 싶어서 같이해 드리고 싶었죠.

면담자　　　생존 학생, 미수습자, 희생자 가족 모두 입장 차이가 있고 오해가 안 생길 수 없을 것 같아요.

상준 엄마　　　너무 안타까운 게, 제일 안타까운 게 생존 학생들이랑 우리 유가족들이랑 조금, 처음에 있었죠, 서로 졸업식 때도 그랬고, 걔네들 볼 때 좀 아파서. 쟤들이 살아서 너무 감사한데, 감사한데 볼 수는 없어요. 그게 마음이 참 그런데 그것도 몇 년 있다가 허용이 되더라고요, 저는.

면담자　　　요즘은 생존 학생들을 바라볼 때 어떤 마음이 드세요?

상준 엄마　　　진짜 아프니까. 나중에라도 그런 삶은, 평탄하게 살았으면 좋겠다. 일상으로 그냥 젊음을 누리면서 그러면서 살았으면 좋겠어요. 걔네들은 잘 성장해서 그렇게 잘 평탄하게 살았으면 좋겠어요. 그때는 보는 것 자체가 힘들었지만 자의적으로 살아 온 거잖아요, 걔네들은. 누가 구해준 거 아니고 얼마나 힘들겠어요, 걔네들도. 지금 아니면 [힘든 시기가] 나중에 올 수도 있고 안 올 수도 있지만 안 오기를 바라요. 그냥 잘 살았으면 좋겠어요.

면담자　　　어머님 마음이 점점 더 많은 사람들을 포용하는 방향으로 계속 변하시는 건가요?

상준 엄마　　　그러려고 하고 있는데 잘 안 돼요(웃음). 그런 게 잘 안 돼요.

면담자　　　포용하기 힘든 집단이 있을 수밖에 없죠?

상준 엄마　　이게, 사랑보다는 미움이 더 많이 커져버렸어요, 믿음보다는 불신이 더 커져버렸고. 제가 사랑이 그래도 많은 사람이었다고 생각했는데 아니더라고요.

면담자　　　그건 언제 그렇게 느끼셨어요?

상준 엄마　　그러니까요, 이렇게 그냥 평범하게 살아왔다고 하면 미워할 거리가 잘 없어요. 일반인들은 주위 사람들을 미워할 일이 잘 없어요, 그랬던 것 같아요. 그런데 이 일을 겪고 나서는 미운 사람이 너무 많아졌어요. 밉다 못해 완전히 증오까지 갈 수도 있는 사람들이 생겨버렸어요. 미워하는 사람들도 너무 많이 생겨버렸고, 저 말을 했을 때 곧이곧대로 "그랬어요, 저랬어요" 이렇게가 안 돼요. 그게 제일 커요, 그게 제일 어려운 거기도 하고. 왜냐하면 나는 되게 순수한 생각을 했는데, 가령 이런 거예요. 특별법, 따지고 보면 법을 모르니까 특별법을 하면 진상 규명이 다 될줄 알았어요, 믿었어요. 국회의원들 믿고 우리 이렇게 서명받고 했기 때문에 어렵게 어떻게 특별법이 통과될 줄 알았어요. 그런데 시행령으로 그렇게 할 줄 몰랐어요. 그렇다 쳐, 특조위가 됐어, 그런데 그 안에서 또 그래, 이러면 안 되잖아. 이러면 안 되는데 그 사람들한테 그래도 그게 안 먹혀요. 나중에 어쨌든 강제 종료되고, 강제 종료 못 하게 하려고 얼마나 저희가 애를 썼어요, 그래도 되어버리고. 그 건으로 다시 처벌하려고 고소했지만, 고소도 아무도 처벌 안 받고 고소도 안 되고 그런 것들이 너무 많았던 거죠, 큰 건으로.

정치권으로는 그런 거고 일반에서도 활동하는 사람들 또는 가족들, 너무너무 사소한 것들도 많죠. 그러니까 굉장히 많은 감정 중에 미움, 원망 이런 것들만 남아 있는 것 같아요.

면담자    요즘도 미움이나 원망이 계속 새로 생기고 쌓이고 있다고 느끼시나요?

상준 엄마    그런 것을 차단하죠, 제가 못 견디니까 차단하는데 그럼에도 생기죠, 더 깊이 생기죠. 이게 이렇게 다방면으로 터졌었다면 깊게 깊게 내려가 버리죠.

면담자    미움이 내 안에 자라고 있다는 것을 느끼는 순간이 되게 괴로우실 것 같아요.

상준 엄마    그럴까요(웃음). 잘 모르겠어요.

면담자    그럼에도 불구하고 위안이 되거나 도움이 된 일이 있으신가요?

상준 엄마    없다니까요, 없어요. 시민들은 많이 만나고 하는데, 항상 손잡아 주시죠. 안아주시고 손잡아 주시고 그래요. 그럼 그때는 잠깐, 몰라 어떤 감정이 일지는 않아요. 그냥 안아주시고 그런데 집에 오면 힘이 되지는 않는 것 같아요. 그런데 이때까지 싸워왔던 힘이 그런 거거든요. 손잡아 주고, 안아주고 내가 못 느끼지만 내가 버티고 싸울 수 있었던 것은 그런 것들이 힘이 되었던 것 같아요, 내가 자각은 못 했지만.

면담자    그런 걸 기억하면서 되새기는 위안이 아니라, 무의식에 조금씩 남아 있는 위안이겠네요.

상준 엄마 　그렇죠, 그러니까 입력이 안 된다니까요. 뭐를 받아들이면 "저분 저렇게 말해서 너무 감사하고 좋아" 이런 게 남아야 되는데, 그냥 여기가 뭐로 꽉 차버려서 뭐가 들어오지를 않아요, 뭐가 꽉 찬 거지.

면담자 　꽉 차 있는 것 중에 가장 큰 비중을 차지하고 있는 것이 있나요?

상준 엄마 　상담을 받을 때 아이에 대한 것을 봉인을 해놨다고 했잖아요. 봉인을 하는 데 에너지를 다 쓴대요. 봉인도 언제든지 튀어나오려고 하는지 자꾸 누르고 누르고 하다 보니까 저의 에너지가 다 거기로 가 있대요. 〈비공개〉

면담자 　상준이의 기억을 봉인하는 데 에너지를 다 써서 나머지는 입력이 안 되는 거네요. 그런데도 활동을 하시는 거고.

상준 엄마 　그러니까 그 에너지는 마저 다 써가지고, 에너지를 만들어내야 돼요. 만들어내야 해서.

면담자 　어머님 스스로 생각하시기에 어떤 게 에너지가 될 것 같으세요?

상준 엄마 　그러니까 정리가 필요해요, 정리가 좀 필요한데 될지를 모르겠어요. 계속 거부를 하고 있으니까 그게 또 떠오르게 되면 활동을 못 할 수도 있어요. 그러면 진짜 활동을 안 하시는 어머님들이나 아버님들처럼 그래서 당분간 보류인 거죠.

면담자    상담은 계속 진행 중이신 건가요?

상준 엄마    하다가 그만뒀어요. 그것도 화가 나더라고요, 하다가. (면담자 : 어떤 점에서요?) 자꾸 이게 나오려고 하니까, 나와버리면 활동 못 해요, 그걸 알아요, 제가.

면담자    진상 규명될 때까지 마음속에 계속 봉인돼 있겠네요.

상준 엄마    예, 선생님 말씀은 그렇게 하다 보면 활동도 못 하고 아무것도 못 한다라는 거죠. 이게 지금 계속 더, 더 커지고 있으니까 언젠가는 터진다는 거죠. "그때는 손 쓸 수가 없다"라고 자꾸 끄집어 내서 얘기하라고 그러시더라고요.

면담자    혹시 시간이 조금 더 지나면 가능할까요?

상준 엄마    그건 그때 가봐야죠(웃음). 지금도 모르는데 그때 가봐야 알지.

## 6
## 불교를 통해 받는 위로

면담자    불교를 믿는 마음이 도움이 될 때가 있으세요?

상준 엄마    불교는 믿는 게 아니에요, 실천종교예요. 자기가 어떻게 공부를 하고, 깨닫고 이렇게 해야 되는 종교인데. 교회처럼 예수님, 하나님이 봐주시고 성모마리아님이 봐주시고 그러는 게 아니거든요. 내가 내 스스로 이겨내야 돼요. 불교로 해서 도움이 되지는 않은 건데, 이건 있어요. 스님이 아이를 위해서 계속 기도해 주시고, 원래는 49재 했을 때 아이 사진을 올려놨는데 태우신다고 했었거든요. 원래 일반적으로라면 태우신대요, 1주년 됐는데. 하고 난 뒤 태우신다고 했어요. "1주년 뒤에 태우자" 그러셨어요. 그런데 안 태우셨어요, 못 태우셨어요. 2주년 때 되면 "어떡하지?" 그래요. "놔두시면 안 돼요? 놔두면 좋겠어요" 그랬더니 계속 놔두세요. 지금도 거기 있거든요, 원래는 그러면 안 되는 거죠.

면담자      태우는 게 어떤 의미인 거예요?

상준 엄마      영정 사진인 거니까 보내준다는 게 더 크죠. 원래 화장할 때 같이 화장도 하고 하는데. 보통은 절이나 이런 데도 사진은 큰스님들이나 벽면에 놔두지 학생들이나 희생자나 이런 분들은, 고인을 놔두지는 않아요. 그런데 일반적이지 않은데 다 놔뒀어요, 단원고 아이들, 선생님들 놔뒀어요. 큰스님하고, 스님도 태워주려고 했는데 "놔두시면 안 돼요?" 이래버리니까 그러니까 못 태우시고 지금도 있으세요. 그리고 보통은 어딜 가든지 비용이 들잖아요. 제를 크게 해주셨거든요, 비용을 안 받으셨어요, 마음으로 하는 거라고. 그래서 스님들도 오시고 그랬을 때도, 그래서 "아, 그래, 저기 절에는 우리 아들을 위해 기도해 주는 곳이 있어. 저기 잘 있을 거야. 친구들하고 선생님들하고 같이 있으니까 잘 있을 거야" 그렇게 생각하죠. 상준이 가면서 거기 담임선생님도 오셨어요, 상준이 담임선생님도 같은 절에 있어요. 같은 데 선생님 있고 상준이 있고 그래요. 왠지 선생님[이] 같이 있어서 안심된다고 그러나, 그게 참 부질없지만 그런 거 하나라도 마음이 가는 거죠. "외롭지 않게 같이 있으면 좋겠다. 그리고 모든 사람이 볼 때마다 기억할 수 있겠다. 기도해 줄 수 있겠다" 생각하죠.

면담자　　　　절에는 스님이 항상 상주하고 계시니까 스님한테 맡겨놨다는 생각도 드시겠어요.

상준 엄마　　　예예, 약간. 그리고 생일 때도 아이 주기 때도 거기 가서 하니까 마음 울적하고 힘들 때도 거기 가서 울고 오고.

면담자　　　　스님하고의 관계도 시간이 지나면서 변하고 있나요?

상준 엄마　　　많이 변했죠, 초창기 때 제가 거기, 아이가 처음에는 인연이 깊지는 않았어요. 한번 구경 갔다 온 절이에요, 제가 다니던 절이 아니고 갔다 왔는데, 일을 겪고 친하신 분이 스님한테 "거기 어떤 분이, 놀러 오셨던 분의 자제분이 그렇게 됐다" 이랬는데 스님이 소식 듣고 진도나 이런 데 염주나 음식 같은 것 갖고 오셨던 분이에요. 찾아오셨더라고요, 제가 팽목에 계속 있었으니까. 왔는데 제가 정신이 없었기 때문에 스님이 와도 인사도 안 하고 가시라고 그랬었대요. 몇 번을 그랬대요, 제가 그랬는데 몇 번 오시고 나서 "상준이 빨리 찾아지게 기도 좀 올려달라"고 못 찾았을 때니까 "기도 좀 올려달라"고 그러고 나서 올라왔는데 스님이 다 해주신 거예요. 입관할 때부터 제 연화장 이런 거 할 때 기도 다 해주셔 가지고, "거기다 상준이를 데려가겠습니다" 그랬죠, 그래서 데려간 거예요.

면담자　　　　스님과 상준이도 그 계기로 관계를 맺게 됐네요.

상준 엄마      네, 그러면서 한 분, 두 분 계속 거기로 오시게 된 거죠.

면담자       이제는 친구 같으시겠어요.

상준 엄마      기대는 바가 되게 많았어요, 기대어봤는데. 그때가 언제였지, 저희가 서명지 갖다주고 청와대로 전달할 때 막혀가지고 광화문에서 삼보일배 할 때가 있었어요. 삼보일배를 그때 한 4시간 넘게 했던 것 같아요. 대리석 돌바닥에서 했는데 무릎이 양쪽이 다 까졌었어요, 이게 보호대를 했는데도 까지더라고요. 까져가지고 있는데 그다음 날인가 스님이 대각사에서 봉정암이라는 데를, 굉장히 높은 데를 올라가는데 "세월호 유가족 다 가자" 그래 가지고 저랑 찬호 엄마랑 상호 엄마랑 이렇게 셋이 갔는데, 그때만 해도 올라가자고 올라간 거예요. 절을 실컷 해가지고 다리는 아파 죽겠는데 산길을 되게 멀리 올라갔어요. 10킬로미터가 넘는 산줄기인데 백담사에서 쭉 올라가면 봉정암이라고 있는데 6시간, 7시간 가는데 신물이 넘어오고 난리가 나더라고요, 다리는 막…. 갔는데 스님도 자식 먼저 보냈으니까 절을 하래요, 아이 좋은 데 가라고. 또 거기서 절을 스님 시키는 대로 했어요. 그때는 잊어버리고 싶었고 좋은 데 갔으면 좋겠고 이래서 그거를 했어요. 그런데 잠을 못 잤어요, 너무 힘들어 가지고 정신이 없었어요. 진짜 토하고, 사람 많아서 자리도 못 펴고 다리도 못 펴고 자고 그랬어요. 스님, 그렇게 초창기에 이겨낼 수 있게 강행군을 시키셨어요. 그 스님이 광화문에서 삼천배도 하시고 그랬거든요. 광화문 앞에서 분향소 앞에서 그렇게 하시고. 그때도 같이 하려고 했는데 국회에서 못 나가는 일이었어요. 그다음 날이 박근혜

가 국회로 온다고 그래 가지고 "우리가 자리 비우면 그다음 날 못 들어오게 할 거다" 이래 갖고 그날 잤거든요, 거기서. 그래 갖고 그것도 같이 못 하고 그랬었죠.

면담자          스님이 일부러 더 강행군을 시키신 거네요.

상준 엄마       예예, 그랬던 것 같아요. 잡생각 못 하게 하고 우리가 투쟁하는 것 아시니까, 아이 위해서 기도해 주는 것도 중요한데. 그래서 그것도 다행히 다른 스님들처럼, 나이 드신 스님들처럼 "하지 마, 그런데 가지 마" 이거 안 하시고 "하셔야죠, 당연히" 그러셨어요.

면담자          마음에 잘 맞는 분을 만나셨어요.

상준 엄마       네, 좀 깨이신 스님이서 가지고 (웃으며) 보수적인 스님은 아니셨어요.

면담자          불교는 윤회사상이 있잖아요, 스님이 상준이와 어머님의 관계에 대해서 풀어서 얘기해 주신 적도 있나요?

상준 엄마       그랬으면 좋은데 그런 스님이 아니세요. 아까도 얘기했듯이 보수적인 스님이 아니시라고(웃음). 49재하고 그러면 어떤 스님은, 얘기 들으면 "애가 밝게 갔어, 어쨌어" 이런 얘기를 해주신대요. 근데 "스님, 우리는 이런 얘기 안 해줘요?", "네, 네" 이렇게만 하시고 기도해 주시고 그것만 하셨어요.

면담자          그렇게 얘기를 안 해주시는 게 오히려 더 마음이 편하신가요?

상준 엄마       그것도 여쭤봤어요. "스님 왜 얘기 안 해주세요, 얘기해 주세요" 이러면 "좋은 데 갔어요. 애들이 지은 죄가 있겠어요, 뭐가 있겠어요. 다 좋은 데 갔다"고 그러시더라고요. 처음에 그때는 "따라가면 안 돼요?" 그랬더니 스님이 "아니, 어머니 애는 벌써 좋은데, 벌써 저 위에 가 있는데, 엄마, 지금 죽으면 못 따라간다"고 그런 말씀도 해주시고 그랬어요.

면담자      스님이 어떻게 하면 어머님들의 마음을 더 다잡을 수 있는지 방법을 잘 알고 계시나 봐요.

상준 엄마      모르겠어요. 방임하신 것 같기도 하고(웃음). 기도는 굉장히 열심히 해주셨어요. 지금도 계속하고 계시고, 세월호 아이들을 위해서 기도제도 많이 해주시고, 추모문화제처럼 또 해주시고 하셨어요.

면담자      절에 오시는 다른 시민들도 만나보셨어요?

상준 엄마      네. 거기서 서명도 받아주시고 스님이 다 하셨어요.

면담자      큰 버팀목이 되시기도 하겠어요.

상준 엄마      크게는 아니고 사이드에서 좀, "아이 기도는 스님한테 맡기고 난 투쟁할 수 있겠다" 이 정도. 큰 거죠, 그거는.


# 7
## 사회에 대한 관점의 변화


면담자      참사 이후 지금까지 어머님의 마음이나 생각들이 많이 바뀌었을 것 같은데요. 가족이나 정치, 사회 이런 것들에 대한 관점의 변화가 있으시면 말씀해 주세요.

상준 엄마 　 아, 많이 됐어요, 많이 됐어요. 진짜 많이 바뀌었어요. 그 전에는 우리가 맨날 얘기하지만 아이들 평범하게 학원 잘 갔다 오고, 대학교 잘 가고 졸업 잘하고, 그런 것만 바랐잖아요. 상준이 같은 경우에는 아들이다 보니까 "군대는 어떻게 해야 되나" 약간 이런 걱정들도 하고 그런 것만 살았단 말이에요. 근데 딱 당하고 나와 보니까 믿었던 사회가 믿었던 사회가 아닌 거예요. 우리나라가 좋은 나라가 아니었던 거예요. 우리나라라고 칭할 수가 없었어요. 국기에 대한 경례를 하는데 국기에 대한 경례를 할 수가 없어요, 그게 제일 크죠. 일단 언론은 벌써 팽목에서 겪었으니까 안 돼요. 정치권은 국회로 갔는데 국회에서도 국민의 안전과 생명 안전을 위해 최우선해야 되는데 이게 아니야. 행정부, 정부이다 보니까 더해 이게. 우리를 완전 범죄자 취급처럼 몰아가. 시대가 어떤 시대인데 빨갱이라 그러고, 자식 잃은 부모한테 상처 입은 부모한테 소금 뿌리고 도끼질하고 그래요. 사회가[에] 나왔는데 "믿었던 이웃들이 나한테 왜 이래, 나 그냥 아파하고 슬퍼할 뿐인데 왜 나한테 그래, 왜 그렇게 봐, 왜 그런 말 해" 이렇게 되는 거죠. 내가 아주 동떨어진 세상에 떨어진 거예요, 갑자기.

근데 내가 알던 세상이 아닌 거예요. 경찰이 우리를 막아서고 길을 못 가게 하고, 멍이 들고 물조차도 못 마시게 하고, 바뀌었죠. 그러면서 우리한테 연대해 준 작은 작은 단체들, 피해자들 얘기를 듣게 되죠. 계속 투쟁하고 있고 아직도 요원하고. 그러면서 참사 이후에 많은 참사들, 굉장히 많은 참사들이 또 일어났어요. 근데 그분들도 똑같이 그렇게 되는 거예요. 그럴 때마다 세월호 이야기가 나와요. 달라져야 된다고 맨날 얘기는 하는데 똑같이 답습을 계속하고 있어요, 온갖 곳에서. 그분들 만나서 사연 듣고 그러면서 시각이 많이 바뀌었죠. 내성적이던 사람이 외치게 되고. "이거 잘못된 거야, 이거 잘못된 거니까 이렇게 했으면 좋겠어" 그렇게 외치게 되는 거죠. 근데도 아직까지도 우리나라는 "피해자는 입 다물고 있어야 돼, 포기해, 포기하는 게 네가 참 편하게 살 수 있어, 돌아갈 수 있는 방법이야" 계속 강요를 해요, 쉼 없이 강요를 해요. 가족이, 친척이, 이웃이 계속 강요를 해요. 그래서 우리 가족들이 가족들하고 끊어져요. 제일 이해할 것 같은 가족들이 "그만 나가, 그만해", "안 되는데". "그만큼 울었으면 됐지 않아?", "안 되는데요". "계속 나오는데, 어떡해". 안 되는 거예요, 그거는. 그러니까 시각이 달라져요.

# 8
## 가족 간의 관계 변화

**면담자**  완전히 다른 사람이 되었다고 봐도 될 정도로 바뀌는 거네요.

**상준 엄마**  급격하게 바뀌었죠. 서서히 이렇게 느끼면서 차곡차곡 사람이 변하는 게 아니라 그냥 강제로 바뀌게 되게, 변하게 되게… 원치 않게.

면담자　　　스스로의 모습에 낯설 때도 있으셨겠어요.

상준 엄마　　그거를 이제사 그래요 "어, 나 왜 이렇게 됐지? 어어" 약간 그렇게 됐어요.

면담자　　　둘째 아이를 키우면서 가르친 내용도 바뀌었겠네요. 요즘은 어떤 얘기를 주로 나누시나요?

상준 엄마　　주로 시간을 많이 보내려고 노력을 많이 했어요, 사실 작년부터. 그동안에 중요한 시기 때 내가 있어 주지 못했어요. 중3에서 고등학교 올라갈 때 혼자 결정하고 혼자 갔어야 됐고, 같이 가기로 해놓고 혼자 보냈었고, 대학 결정할 때도 아무것도…. 포기했었잖아요, 학업을 더 해야 되나 말아야 했을 때도 본인이 "나 꿈이 없으니까 취직 잘 되는 거로 갈래" 이렇게 해서 가게 됐어요. 그것만으로도 너무나 감사해요. 근데 똑같은 걸로 해당이 되는 것, 왜냐하면 4월이 오면 힘들어요. 3월 달부터 힘들어요, 근데 그게 다 학기 초예요, 새로운 환경이나 이런 것들이 다 바뀔 때예요. 애도 너무 힘든데 그거 적응을 해야 되네, 우리는 그래도 나가서 유가족을 만나면 되는데, 여기는 새로운 환경에 완전히 뚝 떨어지는 건데 애는 불안하고 힘들죠. 그때만 되면 학교 "그만둬야 돼", "나 못 하겠어, 그만 할래" 그래서 올해도, 작년 연말에도 그랬어요 "너무 잘했어, 1년을 너무 잘 버텨줬어. 벌써 1학년 끝났네" 그랬어요. 너무 고마운 거예요. 좋은 대학, 좋은 누구한테 이런 게 아니라 너가 고스란히 1년을 너무 잘 살아준 게 감사한 거예요.

　　예전 같았으면 비교를 했겠죠. 누구는 어떻고, 누구는 어떻고 이렇게 비교를 했을 거예요. 근데 저는 애가 이 시간을 잘 버텨주고 잘 살아줌에 감사하는 거예요. 포기 안 하고, 포기하려고 할 때마다 자기가 마음 다잡아서 다시 가고. 물론 이거는 다 완료를 못 할 수도 있어요. 그래도 나는 애한테 응원을 할 거예요. 애가 존재함으로써 제가 기쁘고 살아가는 존재가, 이유가 되니까. 그래서 그런 얘기들을 그냥 허심탄회하게 해요, 저는. "엄마, 오늘 이래서 너무 힘들었어" 그 전에는 서로 아프니까 그런 얘기들을 안 했거든요. 오늘도 명절 쇠면서 며칠 전부터 안 좋았잖아요. 어제 구술도 하고 와서 애가 벌써 안아주더라고요. 아침에도 일어나서 "커피 타줄까?" 하면서 타줘요. 보통 늦게 일어나거든요, 11시, 12시 되어 일어나는데 오늘 일찍 일어나서 "어떻게 일어났어?" 이러니까, 걔도 똑같이 잠을 못 자요, 사실은. 내가 못 잘 때 걔도 못 자요. 그런데 일어나서 커피 타주고 꼭 안아주면서 "잘하고 와, 오늘도 힘들겠네" 그런 얘기들을 해줘요. 그러면서도 서로 안 맞는 부분이 있긴 한데 그런 것들을 얘기하기로 했어요. 나는 "오늘 이러이러해서 힘들었고" 자기는 "오늘 이러이러해서 힘들었고" 그런 것을 얘기하기로 했어요.

면담자　　　서로 힘들었던 경험을 얘기하는 것으로 관계가 더 끈끈해지셨을 것 같아요.

상준 엄마　　〈비공개〉 참사 나자마자 내려가서 보름 넘게 못 보다가 엄마를 봤고, 봤는데 장례식 치르느라 계속 그랬고, 그러자마자 서울 올라가서 농성을 하고…. 그거를 자기는 자기 나름대로 어린 나이인데 중3인데 그렇게 보고 있었고, 그게 그 나이에 왔더라고요.

그러니까 계속 얘기해 주고 같이 있어주고 안정감을 줘야 된다고 하더라고요, 안심을 시켜야 된다고. 그래서 많이 있어주려 했는데 그게 쉽게 되지는 않았어요, 16년도에도 많은 일들이 있었기 때문에. 그러면서 최대한 많이 보내려고 해요, 시간을, 후회 안 하려면. 너무 미안했었어요, 그때는. 둘인데 얘만 보였던 거지, 큰애만 보였던 거지 내 눈에는.

면담자    지금은 둘째가 많이 이해를 하고 있겠네요.

상준 엄마    네, 원래도 걔가 원래 더, 엄마, 아빠 신경 쓰느라 고생 되게 많았대요, 선생님 말씀으로는. 엄마, 아빠는 못 느끼지만 굉장히 신경 쓰고 안테나가 저희한테 다 와 있대요. 주파수가 엄마, 아빠한테만 맞춰져 있기 때문에 되게 힘들 거래요. 오빠를 잃은 거가 정리가 안 되는데 엄마, 아빠가 그러고 다니[니]까 주파수가 다 챙겨져 있어서 그게 되게 힘들 거라고. 그래서 해준다고 하는데, 제가 아까 멍때리는 게 있잖아요. 우선순위가 딸인 줄 알았는데 아니래요, 그래서 그런 것들도 제가 많이 해야 돼요.

면담자    정말 엄마라는 역할이 참 무거운 역할인 것 같아요.

상준 엄마    네, 제일 무거운 것 같아요. 그래서 엄마들이 안 무너지고 잘 버텨야 이 싸움도 오래갈 수 있고 그래요.

면담자    아버님은 많이 힘이 돼주시나요?

상준 엄마    아니요(웃음). 딸이 힘들어하는 게 보이잖아요, 자기는 직장생활 하면서 나보다는 훨씬 더 딸을 보니까. 싸우는 것도 찬

성이지만 딸한테도 조금 해줬으면 하는 것도 있는 거죠. 그런 걸 얘기할 때 이렇게 그래요, 입장 차이가 있어요(웃음). 그래서 올해는 아무것도 안 하는 걸로(웃음).

면담자        아이 성격도 약간 변화가 있을 수밖에 없었을 텐데, 잘 모르시는 분들이 보면 아이가 굉장히 어른스럽다고 얘기를 하실 것 같아요.

상준 엄마        맞아요, 처음에 [엄마, 아빠가] 없을 때 어른들이 왔었잖아요. 친정이나 시댁에서 와서 어른들이 같이 있어줬잖아요. 부담감을 너무 준 거예요, 애한테. "너가 잘해야 돼, 오빠 몫까지 해야 돼" 이런 말들을, 중3인데. 갓 올라간 중3인데 안 그래도 무서워 죽겠는 애한테 그래 갖고 나중에는 제가 투쟁하고 엄마, 아빠 같이 나갈 때는 "누구 와 있게 할까?" 이러니까 싫다고 하더라고요, 혼자 있겠다고 하더라고요. 무서웠는데 어른들 와 있는 것보다는 혼자 있는 게 나았던 거예요. (면담자 : 무서운 걸 참는 게 나은 거예요?) 예, 겉으로 보면 엄마, 아빠 챙겨주고 의젓하고 그랬는데 혼자 있을 때는 아니었던 거죠. 그러니까 덩치만 컸지 애기인 거지, 중3에 머물러 있는 거예요. 〈비공개〉

면담자        대학교 가서 새로운 친구도 사귀고 할 텐데 엠티를 가겠다고 하는 편인가요?

상준 엄마        아니요, 안 가고 싶어 해요. 그런데 다행인 건 [자고 오는 행사가] 없어요, 잘 없어요, 그 학교가 그런 게 잘 없어요(웃음). 사고들이 좀 있었나 봐요, 그래서 취소가 되기도 하고 당일로 가기도 하고 이래서 다행인 것 같기도 하고. 처음에는, 학교가 지방이에요, 지방인데 제가 따라간다고 하니까 안 된다고 극구 그러더라고요. "아싸, 나 독립했어" 그러더니 화요일 날 공강이 있었어요, 2학기 때. 그래 가지고 제가 일요일에 기숙사 데려다주거든요, 그러면 월요일 날 강의를 듣고 월요일 저녁에 집에 오는 거예요. 그리고 화요일에 다시 데려다줘요, 그리고 금요일에 다시 올라와요(웃음). 처음에는 그랬어요, 독립해서 좋다고 그러더니 나중에는 그래도 주마다 한 번씩 오고.

면담자　　　자취 생활에 교통비까지 많이 들었겠어요.

상준 엄마　　기숙사 들어가서 그나마 덜 들었어요, 좋아하더니 안 그러더라고요.

면담자　　　둘째 아이가 미래에 어떤 삶을 살길 바라시나요?

상준 엄마　　앞으로라는 게 참 그게 어려워졌어요. 말하는 게 꿈을 꾸는 게 어려워졌어요. 예전엔 엄마로서 장기 플랜이 있었잖아요. "우리 아들이 몇 년 있다가 가고, 대학 가고 몇 년 있다가 제대하고, 몇 년 있다가 독립을 할 것이고 안 되면 몇 년까지는 더 봐줘야겠다" 이런 것들이 있었어요. "결혼시키면 돈은 어떻게 마련해서 지원해 주지?" 이런 것들이 있었는데 딱 참사 겪고 나니까 앞으로라는 장기 계획이 너무 어려워졌어요, 너무 어려워졌어요. "얘가 어떤 삶을 살았으면 좋겠다" 이렇게 했다가도 "아냐", 거기에 대한 뭔가 단점이 있을 거 아니에요. 그것 때문에 "그러면 안 돼, 이렇게 살아야 돼" 했다가, 어떤 꿈이 안 꿔지는 거예요. 그리고 얘에 대해서 돌아보기 시작해서, 전 평범하게 사는 게 굉장히 힘들어요. 자연스럽게 늙어가는 것, 자연스럽게 결혼해서 애기 낳고 늙어가고, 살아가는 것들이 생각보다 이렇게 불시에 변시에 이런 일들이 나면 허무주의가, 세상이 살기 싫어질 때가 굉장히 많아요. "무슨 의미가 있지?" 삶의 의미를 못 찾게 되더라고요.

그래서 딸은 모르겠어요. 딸은 그냥 "이런 큰일을 겪었으니까, 작은 어린 나이에, 너무 어린 나이에 겪었으니까 앞으로는 진짜 그런 일 없이 그냥 평화스럽고 편안했으면 좋겠다" 이것밖에 없어요. "애가 뭐가 됐음 좋겠다. 뭐 어떻게 했음 좋겠다"가 아니라 애의 삶은 더 이상은 고난이 없이 그냥 편안했으면 좋겠다. 제일 어려운 일이에요. 본인이 의도하지 않은 일도 생길 거고 살아가다 보면 온갖 어려움들이 계속 [나타날 거고], 계속 견딜 거고 본인이 견딜 힘이 약하면 그것도 못 견딜 거고…. 너무 강해도 상처받을 게 있을 거고 본인이 선택해서 본인 삶을 살아가야죠. 엄마가 어디까지 해줄 수도 없고 해준다고 그게 방어가 되는 것도 아니고, 모나지 않고 둥글둥글 그렇게 살았으면 좋겠어요.

면담자      아이한테 그런 이야기를 자주 해주시는 편인가요?

상준 엄마      아니요(웃음). 이런 이야기를 못 해요, 못 해요. 그냥 "언제 결혼할 거야? 애기 빨리 나, 엄마가 키워줄게" 이런 이야기하죠. 그럼 "내가 결혼할 수 있을까?" 그래요, 남자 친구 없어요. "내 생에 남자 친구가 있을까?" 그래요(웃음). 모르는 일이더라고요(웃음). "니가 조금 더 살아봐. 엄마 모른 체할 때가 머지않았다(웃음)".

면담자       아직 20대 초반이라 앞으로의 일이 훨씬 많죠.

상준 엄마     아니, 그러니까요. 왜 없는지 이해가 안 돼요, 있을 만
한데.


## 9
## 진상 규명 이후의 전망과 아이에게 해주고 싶은 말


면담자       2019년 들어서 새로운 걱정이나 아니면 새로운 생각
같은 게 있으신가요?

상준 엄마     새로운 것은 없어요, 맨날 연장선상이에요. 특조위가
아직도 출범을 못 했어요. 인원도 아직 구성이 아직 안 됐고, 그 적
은 인원이 다 해내는 것도 걱정스럽고. 특검도 했으면 좋겠고 검찰
수사도 다시 했으면 좋겠고 국정원은 아예 건드리지도 못했고. 기무
사 그런 것도 지금 흐지부지 얘기가 안 나오고 있고, 1기 특조위 재
판방해, 특조위 방해 재판도 좀 있으면 끝날 건데 그렇게 방해했는
데도 처벌이 될지 안 될지도 모르겠고, 가족들도 더 안 아팠으면 좋
겠고.

면담자       유가족들이 덜 아프기 위해서 공방이 기여할 수 있는
일이 뭘까요?

상준 엄마     공방에서요? 공방에서는 그거예요. 서로 얼굴 보고 자
신을 체크하고 "오늘 좀 울었네" 그리고. 그러면 울다가 웃다가도 하

고 "우리가 이렇지 뭐" 이런 거 늘상 할 수 있게끔 봤던 사람 보고, 안 보던 사람들도 봤으면 좋겠고, 그게 공방이었으면 좋겠고. 다른 데서 볼 수도 있겠지만 공방에서 보는 게 더 편하잖아요, 공방에서 봤으면 좋겠고. 그러면서도 우리가 상담을 안 갈 바에는 우리가 자체적으로 공부해서 (웃으며) 점점 오면서 우리끼리 해결하는 것도 정 안 가고 싶으면 그것도 방안을 해봐야 되고. 시간이 지나면서 필요성이 느껴지는 것이 있으면 그것도 해야 되고.

**면담자**　　　전문가 과정까지 밟으면 더 많은 가족들의 얘기들을 들어주실 수 있겠네요.

**상준 엄마**　　　그렇죠, 들어줄 수 있고 자원봉사도 갈 수도 있고. 자원봉사라는데 준비가 안 된 상태에서 가면 그게 오히려 피해가 될 수도 있으니까. 우리가 받은 만큼 되돌려 주려면 준비가 되어 있어야 되잖아요. 받은 만큼 못 돌려주더라도 최소한 우리가 봉사를 나가도, 재난지역에 가더라도 준비가 되어 있으면 아픔을 겪은 사람이니까 그래도 손 한 번이라도 따뜻하게 잡아줄 수 있지 않을까 싶어요.

**면담자**　　　일반의 봉사자들보다 힘이 되는 손일 것 같아요.

**상준 엄마**　　　응, 그러기 위해서는 준비를 해야죠.

**면담자**　　　진상 규명이 완료되면 그 이후의 삶은 어떻게 될까요?

**상준 엄마**　　　일단 되고 나서, 진상 규명부터 해놓고 나서 그 후에. 그 후의 일은 그다음에 해도 돼요.

**면담자**　　　만약에 진상 규명이 됐다고 하면 그때의 감정은 어떨

상준 엄마 강지은

까요?

**상준 엄마**   만약이라는 것은 없어요. '뭐, 뭐 했더라면' 그거는 소용없어요. '진상 규명했어' 그러면 그때부터 생각해도 늦지 않을 것 같아요.

**면담자**   굉장히 현실주의이신 것 같아요.

**상준 엄마**   아니요, 우리가 되게 '그때 그랬더라면, 뭐 했더라면' 이 후회가 되게 많이 되는데, 아무 소용이 없더라고요. '그날 학교에서 애 안 간다고 했을 때 안 보냈다면', '그날 배에서 가니 안가니 얘기를 내가 좀 더 일찍 듣고 아들을 데리러 갔더라면', '좀 더 통화가 빨리 돼서 배에서 내리게 했더라면' 온갖 것들이 많죠.

**면담자**   가장 최근에 설 명절이었는데, 상준이한테 가서 뭔가 해주신 말씀이 있으신가요? (상준 엄마 : 이런 얘기를, 누가?) 어머님께서 상준이에게.

**상준 엄마**   아, 상준이한테 가서… 없어요, "다 잊어버리고 편안하라"는 거, "너는 밝은 빛을 살고 있을 거"라는 거. 계속 되뇌죠, "너는 좋은 곳에 있을 거야. 엄마 꼭 따라갈 때 꼭 만나자" 그러다가도 "나 만나서 이렇게 된 것 같다고 만나지 말자"라고도 했다가 "꼭 만나자"고도 했다가. 그렇죠 뭐(울음).

**면담자**   꿈에서 상준이가 대답을 해주거나 그런 일은 없으셨나요?

**상준 엄마**   아이고, 그놈 꿈에라도 한 번이라도 왔으면 좋겠는데 안 와요. 누구는 그렇게 온다는데 애기 때 모습도 오고 큰 모습도 오고 그런다는데 한 번도 안 왔어요(웃음). 그래서 "좋은 데 있으니까 엄마 같은 건 안 보나 보다" 그러죠. 그래서 물어봤잖아요, 스님한테 "꿈에 오는 게 좋아요, 안 오는 게 좋아요? 너무 보고 싶은데 점점 갈수록 웃는 소리도 이제 기억이 안 나려 그러고. 꿈에라도 왔으면 좋겠는데 어떤 게 더 좋아요?" 그랬더니 "와도 좋은 거고, 안 와도 좋은 거"라고 (웃으며) 답을 줘야지 스님이, "잘 있을 거예요". 안 그래도 소식이 왔잖아요, 지금 안 그래도 자랑하려고. 내가 맨날 애가 어디 나가서 최우수상 못 받아 오고 대상 못 받아 온다고 그랬잖아요. 오늘 갔더니 상장을 받아 왔어요. 아니, 난 생각지도 못했어. 4월 달이라 이런 게 있는지도 몰랐는데 2위를 받았네(웃음). 그러면서 자랑을 하는데 이게 쓴 게 있어요, 내가 읽어보고 아까 너무 울었어요. 이게 딱 내 마음을 쓴 것 같아, 저를 생각하면서 쓴 것 같아요. 그래 갖고 이거를 안 갖고 오려다가 (한숨을 내쉬며) 갖고 왔어요. 이게 천안함 용사 4주기 추모하는 거라고 했는데.

**면담자**    상준이가 쓴 글이에요?

**상준 엄마**    예, 한 번 봐봐요, 내 심정 같아요, 완전히. 아까 읽어보고 얼마나 울었는지(울음).

**면담자**    글을 너무 잘 쓰네요.

**상준 엄마**    (한숨을 내쉬며) 생각지도 못했는데 이게 있더라고요. 딱 저랑 나랑 얘기 같잖아요, 참(한숨). 어제 내가 최우수상 못 받는다고 했더니 우수상을 떡하니 갖다주네. (면담자 : 실력을 제대로 보여주네요) (웃으며) 그러네요, 이런 거 할 때마다 어릴 때도, 초등학교 때도 상을 곧잘 받아 왔어요. 중학교 때도 그러고 그래 갖고, 내가 "너 시인이나 하지. 너 너무 잘 쓴다" 그랬더니 그걸로 시를 써서 냈더라고요. "꿈이 없는데 시인이나 돼볼까, 엄마가 잘 쓴다고 했는데" 이런 식으로 해갖고 또 썼더라고요(한숨).

면담자        정말 잘 쓰네요.

상준 엄마     잘 썼어요? 아유, 그러니까 생각지도 못했는데 4월 달이라. 이런 걸 받으면 받았다고 얘기도 안 해요, 얘는. 저녁에 그냥 상장 이렇게 쓱 이렇게 주고. 내가 그래도 이런 거 받아 오면 좋아했는지 알라나 모르려나 얘기를 안 해서.

면담자        일부러 졸업할 때 엄마 놀래켜주려고 했나 봐요.

상준 엄마     그런가 봐요, 자랑하려고 갖고 왔잖아.

면담자        어제 상준이가 책을 많이 읽었다고 어제 얘기 말씀해 주셨는데 바로 이렇게 증명이 되네요.

상준 엄마     (웃으며) 그러게요, 이거 아니었으면 참 엄마가 면이 안 설 뻔했는데.

면담자        상준이에 대해서 하실 말씀이라든지 아니면 남기고 싶으신 이야기들 있으신가요?

상준 엄마     (한숨을 내쉬며) 이게요, 얘기하려고 하면 한도 끝도 없는데 막상 이렇게 하려 하면 너무 막막해요. 뭔가가 막 안에서 이렇게 있는데 표현할 수가 없어요. 바보가 되어갖고 단어도 생각이 안 나고, "이 상황에 이런 말을 해야 된다" 이런 것도 안 되고. 진짜 핵심을 딱 짚어서 "이렇게 해주세요" 했으면 좋겠는데 그것도 안 되고. (눈물을 훔치며) 꽃같이 키웠어요, 내 아들은. 너무나 내가 사랑해 가지고 얘 없으면 어떻게 살까 싶을 정도로 그렇게 사랑했었는데…. 어느 누구 하나 인생이 그렇지 않은 사람이 있겠어요. 그런데 (눈물을 훔치며) 진짜 이런 일 없었으면 좋겠어요. 우리나라에서 더 이상은 이렇게 억울하게 그렇게 희생되는 목숨은 없었으면 좋겠어요. 우리나라 진짜 어디 가서 꿀리지 않는 나라잖아요. 사람의 생명이, 인권이 그렇게 무시당하고 사후에도 이렇게 훼손되지 않는 사회였으면 좋겠어요. 더 이상은 진짜 없었으면 좋겠어요, 내 아들이 마지막이었으면 좋겠어요.

상준이 동생이 살고 있는 이 나라가, 상준이 동생이 안전했으면 좋겠고 인권이 훼손 안 됐으면 좋겠고 온전한 인격체로 주어진 삶을 다 살 수 있었으면 좋겠어요. 충족하면 충족하는 대로 부족하면 부족한 대로, 부모 사랑받으면서 지지고 볶고 그렇게 살 수 있게 보장이, 그런 게 보장이 되는 나라였으면 좋겠어요. 이렇게 참사를 당해도 그 사실을 정확하게 명확하게 밝혀내고 그 후의 대책들도 바로바로 수립이 되고 그랬으면 좋겠어요. 어떤 조직에 해가 된다고 해서 마이너스가 된다고 해서 묻혀지고 은폐되고 그런 게 아니라 그대로 다 밝혀지고 처벌받고 대책 세우고, 그래서 우리나라 땅, 바다, 하늘에서 불안해하지 않았으면 좋겠어요. 일하는 곳에서 안전했으면 좋겠고 집에서 안전했으면 좋겠고 인권이 보장받는 나라였으면 좋겠어요(울음).

상준 엄마 강지은

**면담자**　　김용균 씨 소식을 뉴스로 접하셨을 텐데 그때는 어떠셨나요?

**상준 엄마**　　그때도 진짜 너무 화가 나가지고요, 너무너무 화가 났어요, 뉴스 꺼버렸어요. 그 부모가, 직장에 나갔을 때 정직원이 될 거라는 꿈을 가지고 언젠가는 괜찮아질 거라고, 석탄가루 날리는 곳에서 밥 한 끼 먹을 데가 없었대요. 소지품을 봤는데 컵라면에 동전 몇 푼에 석탄가루 묻은 수첩에, 속옷에…. 그걸 본 엄마는 어땠겠어요, 아빠는 어땠겠어요. 그 현장이 너무나 처참했대요, 근데 그다음 날인가 국회의원, 장관들이 간다고 물청소했대요. 원청인 서부발전소가, 하청 업체가 그 김용균 씨 흠집 잡아내려고 CCTV를 돌려보고 또 돌려봤대요. 근무시간에 잘못한 게 있나, 술을 먹었나. 너무 화가 나요, 저는. 김용균 씨도 나이 어려요. 그분이 시정사항을 28개나 냈대요, 하나도 시정이 안 됐대요. 그거만 됐어도 그렇게 억울하게 가지는 않았을 거래요, 처참하게 가지는 않았을 거래요. 가는 내내 너무 가슴이 아팠어요. 보는 내내 가슴이 아팠고 울 수가 없었어요. 우리가 상준이 보내고 나서 연화장 가는 거 너무 힘들어요, 같이 갔어요. 아이 내려 업고 매장하는 거 우리도 봤어요. 그 어른들 매장하고는 틀려요. 엄마가, 아빠가 보는 데서 자식을 그렇게 하는 거, 욕하시는 분들 진짜 겪어보게 하고 싶어요(한숨).

**면담자**　　같은 엄마의 입장이고 나이 때가 비슷한 아이들의 입장이고 하니까 더더욱 공감을 하고 그랬겠죠.

**상준 엄마**　　김용균 씨뿐만이 아니에요. 구의역, 특성화고 학생들,

아니면 아르바이트생 등 너무 많이 들려요. 그런 고등학생이에요, 실습 갔는데 사람대접 못 받고 억울한 죽임당하고 왜 그래야 돼요. 그런 회사는 아예 다시는 회사를 못 차리게 해야 돼요. 돈이 원리라면 벌금 엄청 때려서 그런 사람들은 이 자리에 못 서게 해야 돼요. 계속 피해자가 피해자로 남게 해두면 안 돼요.

**면담자**　　　어머님은 돈에 대한 인식도 많이 바뀌셨을 것 같아요.

**상준 엄마**　　그러게요(웃음). 바뀌어야 되는데 참 그게 그렇더라고요. "왜 다 돈 때문에 그래야 돼?" 그랬어요. 언론이 광고주의 돈에 휘둘리고 정부가 거대 기업에 휘둘리는 것 보고 "왜 돈 때문에 우리 아이들 목숨하고 바뀌야 돼?" 그랬어요. 그런데 활동을 하다 보니까 움직이는데 돈이 들어가고(웃음). 아니, 어디 가야 되는데 다 돈이 있어야 돼, 뭘 해도 다 돈이 있어야 돼. 이게 참 무섭구나. "잘 벌고 잘 써야 된다, 진짜 이 돈이 사람 잡는 거다". 근데요, 그니까 돈도 뭐 하는데 사람이 있으면 돈이 따라오는 것 같아요. 그런데 돈에 사람이 따라가니까 이런 일들이 생기는 것 같아요. 지금 청해진, 세모 할 때부터 잘못한 거 많잖아요. 세모 망해가지고 몇천 억 있는 거 다 감해주고, 국회의원들도 일 억짜리 골프채 받았나 그거를 몇십 채를 받아가지고 그게 다시 청해진 되고. 근데 국정원이 다 관리하고 있었고, 안 밝혀졌잖아요. 돈의 흐름을 찾아가면 다 나올 텐데. 돈은 있어야 되지만 돈에 휘둘리면 안 되는….

상준 엄마 강지은

## 10

## 세월호와 아이를 어떻게 기억해 주길 바라는지

**면담자**　　앞으로 세월호가 많은 사람들에게 어떤 의미가 되길 바라시나요?

**상준 엄마**　　그러게요. 세월호 참사할 때 화면을 뉴스에서, 배가 뒤집혀서 가라앉는 모습을 계속 보여줬어요. 지금도 마찬가지고 세월호 참사 얘기할 때 보여줄 거예요. 그런데 그 모습은 우리가 볼 때는 내 새끼가 거기서 (잠시 침묵) 살려달라고 소리치는 그 모습인데 계속 보여줘요. 잊을 만하면, 주기가 되면 보여주고, 무슨 참사 날 때면 보여주고…. 그냥 배가 뒤집힌 게 아니고 그 속에 우리 아이들이 소리치는 모습이 저희는 다 떠오르는데 그걸 계속 보여줘요. 일반인들은 그냥 배죠, 세월호죠. 그게 어떻게 기억이 되려고 하면 진상 규명이 되어야 돼요. 단순히 304명이 죽은 사건이 아니라, 불쌍한 애들이 250명이나 죽은 사건이 아니라, 진상 규명이 되어서 세월호 참사는, 어떤 세력이든 단순한 사고가 아니었다, 사건이었다, 어떤 범죄가 이루어진 곳이에요. 그래서 진상 규명이 돼서 참사에 대한 정의가 세워지면 그때 어떻게 기억되는지는 그때 정의가 되어도 되지 않을까, 단순히 불쌍한 애들이 죽은 사건이 아니라…. 그렇게 생각하고 있어요(울음).

해마다 다시 리마인드를 해주는데 어떻게 잊어요, 때 되면 댓글도 이만큼씩 달아주시고 오늘도 이만큼씩 달아주실 거고. 안 봐도 또 이만큼 달아주실 거고, 생명안전공원 차근차근 진행될 때마다 더 격렬하게 환영해 주실 거고(웃음).

**면담자**　　　그런 것에 면역이 좀 생기셨나요?

**상준 엄마**　　　생기면 참 좋을 텐데 안 생겨요. 그때마다 아파요, 그때마다 상처 벌려 소금 뿌려요.

**면담자**　　　이 기록이 공개되면 사람들이 상준이와 어머님에 대해 더 알게 될 텐데, 상준이를 어떤 모습으로 기억해 주길 바라는지 마지막으로 남겨주세요.

**상준 엄마**　　　상준이는 진짜 남자답지 않게 예쁜 아이였어요. 마음도 예쁘고, 행동도 예쁘고 나한테 너무나 소중한 아이였거든요. 나를 위로해 주는, 내가 힘들 때마다 힘이 되어줬고 무슨 일이 있을 때마다 현명하게 얘기를 해줬고 우리 가족을 이어지게 했고…. 특출난 아이는 아니었어요, 맨날 우수상, 장려상 받아 왔지만 특출나지 않고, 요즘 우리 기준으로 보면. 근데 가족 내에서는 너무나 소중했고 별 같은 아이였고 너무 순수했고 여자 친구를 아직 못 사귀고 갔어요. 그렇게 얘기했더니 다들 "엄마 몰래 다 사귀었을 거"라고(웃음). 그렇긴 한데, 여자 친구도 못 사귀어봤고 술도 친구들하고 마시진 않았어요. 그것도 얘기했더니 주위에서 그러더라고요, "엄마 몰래 다 마셨을 거"라고 (웃으며) 그랬는데 술도 가족 모임에서 딱 마시고, 술 처음에 배웠을 때가 생각나는데, 온 가족이 다 모여 있을 때 술을 딱, 소주를 한입에 털어넣더라고요. 그 전에 젓가락으로 이렇게 찍어 먹어보고 "아, 쓰다" 하더니 한 잔 탁 넘기고는, 한 잔 탁 하더니 "자야겠다" 이러고 가더라고요(웃음).

저는 술을 못 하거든요, "아이고, 저것이 아들이라고 아빠 꼭 갖다 박았다고 첫 잔에 세 잔이나 먹는다"고 그랬었는데 애가 그렇게 반듯했어요. 귀찮은 체했지만 동생들 다 좋아했고, 그래서 조금 더 자랐으면 어떤 모습이었을까 진짜 궁금했는데…. 그러게요, 어떻게 기억되어야 할까요. 너무나 이쁜 아이었어요, 사춘기도 아직 한 번도 못 겪어보고 갔어요, 반항이란 것도 몰랐고. 고등학생인데 사춘기도 안 겪고 그러고 갔다니까요(울음). (한숨을 내쉬며) 차라리 이런 거 저런 거 다 해보고 갔으면, 여자 친구도 사귀고, 사고도 치고, 술도 열심히 먹고. 차라리 제가, 어릴 때 애가 하도 깔끔쟁이 같이 그래 가지고 짱구를 되게 좋아했었어요. 그래서 "짱구 같은 아이였음 참 좋겠다" 그랬어요. 그런데 그 옆에 아파트 라인에 진짜 짱구 같은 남자애가 있었거든요. 그 엄마가 "짱구 같은 아이 큰일 난다"고 그랬었는데, 진짜 짱구같이 크길 바랐는데 너무나 깔끔쟁이였고 그래 가지고 너무 얌전하게 살다가… 통화도 못 했거든요, 그날.

**면담자**  떠난 밤에도 통화 못 하신 거예요?

**상준 엄마**  통화 못 하고 카톡으로 했어요. "언제 출발해? 밥은 먹었어?" 그러면 애가 "ㅇㅇ" 아니면 "ㅇㅋ" 이렇게, "응"도 아니고 "오케이"도 아니에요, "ㅇㅇ"이에요. 이렇게 오는 게 다였어요. 이게 정부가 정말 나쁜 놈들이 우리나라 IT 강국이, 다 끝나는 마당이지만 우리 가족끼리 하는 단톡방이 있었고, 상준이하고 저하고 하는 단톡방이 있고 그랬어요. 그런데 팽목에 있는 3일째인가 이틀째인지 그게 싹 다 없어졌어요. (면담자 : 휴대폰에서 없어졌어요?) 없어졌어요,

너무 기가 막히지 않아요? 몰랐어요. 3일째 봤는데 없어졌어요, 애 아빠한테 보여주느라고 봤는데 없어진 거예요. 조사 신청도 되어 있지만 그런 가정이 꽤 많았어요, 얼마나 나쁜 놈들이에요. 애가 저기에서 건져 오지도 못하고 그러고 있는데 가족끼리 나누었던 대화들을 허락도 안 받고 싹 다 없애버렸어요. 복원도 안 되고 카톡도.

**면담자**     예전 기록도 없고 그것만 사라진 거예요?

**상준 엄마**     예. 애하고 우리 가족하고 한 건 다 없어졌어요. 근데 웃긴 건 상준이 명의로 된 게 아니고 그게 크로스가 됐어요. 딸내미가 1년에 한 번 핸드폰을 바꾸는 바람에, 상준이 그 예전에는 한 학생당 한 명밖에 안 되는 그런 때에 바꿨는데 상준이 명의가 딸 명의고, 딸의 폰이 상준이 명의로 이렇게 크로스로 바뀌어 있었어요. 그런데도 불구하고 그게 싹 사라졌어요, 없애버렸어요. (면담자 : 그게 가능한 일이군요) 가능하더라고요, IT 강국이더라고요. 그게 되돌아보니까 '기무사나 국정원과 관련되어 있을 수 있겠다' 싶더라고요. 그런데 그게 조사를 했는데 안 되더라고요, 이미 자료도 안 남아 있고. 1년인가 2년 있다가 목포 경찰서에서 "통신 조회를 했다" 이렇게 문구만 통보만 왔더라고요. 삭제했다는 얘기 없고, 사과 없고, 얼마나 나쁜 정부예요, 나쁜 나라예요. 아이하고 보냈던 사진, 카톡 내용을 이런 거를 어떻게 그렇게 없애버려요. 우리 가족이 그런 것을 어떻게 다 잊어버리고 "어, 이제 됐어. 우리, 정부가 그만하면 됐어, 수사 그만하면 됐어" 돼요? 안 된다니까요, 할 수가 없어요. 아까도 앞에 얘기했던 그런 반응, 그 외에도 더 많은 반응이 많기 때문에 부모들이 인정하고, 되지 않아요.

면담자　　메신저는 아직도 같은 거 쓰시나요?

상준 엄마　　아니요, 그때 2년, 3년째인가 계속 냈었어요. 핸드폰 요금이나 이런 걸 냈는데 여러 가지 이유로 문제가 있어서 해지했어요. 그 전에 그 대신 통신 그 내용은 다 조회를 해봤는데 문자나 이런 것들은 복원이 안 된다고 그러더라고요, 그래서 대충 했어요.

면담자　　마지막 메시지가 다 사라졌네요.

상준 엄마　　다 사라졌죠, 다 사라졌어요. 진짜 나쁜 사람들이에요. 그때가 왜 그러냐 하면 그때 내려갈 때도 "누구 살아 있대", "단체톡방에 뭐가 떴대" 이런 것들이 되게 많았거든요, 내려갈 때부터. 그렇기 때문에 이 사람들이 다 지우지 않았을까, 그런 자료가 남아 있을까 봐. 그렇게 생각하고 있죠.

면담자　　그 업체도 조사의 대상이네요.

상준 엄마　　해야 돼죠, 했었어야 돼죠. 이미 다 했어야 하는데 카톡에서 그때 "제공했었다"라고 얘기만 나오고 수사나 뭐 이런 건 없었죠. "요청이 와서 제공했다"라고까지도 인터뷰를 했어요.

면담자　　지금 주변 분들하고 연락할 때는 카톡 쓰시나요?

상준 엄마　　카카오톡하고 중요한 건 텔레그램으로 하죠, 중요한 것들은. 일상적인 거 "너 나올래 안 나올래" 이런 것들은 카톡으로 하고요, 중요한 것들은 텔레그램으로 해요.

면담자        사람들이 그 이후로 텔레그램으로 많이 바꿨어요.

상준 엄마      아니, 실질적으로 가족들이 사찰을 당한 게 나왔어요. 통신 조회나 이런 것들이 사찰당했다는 것이 다 밝혀졌죠. 지금도 연결 잘 안 되고 그러면 "사찰당한다" 얘기 소리해요, 우리 가족들은. "뭐 안 돼, 연결 잘 안 돼" 문자 잘 안 가고 연결 잘 안 될 때 "어, 이거 사찰당하는 거 아니야?" 이러죠. 처음에는 "그렇게까지 너네가 중요한 사람들이야?" 이런 소리도 했었어요, 주위에서. 그런 거 다 당했던 거죠, 우리 가족들은. 우리가 "과하다 싶을 정도인가?" 싶을 정도였는데 아니었던 거죠.

면담자        불신이 생길 수밖에 없는 거죠. (상준 엄마 : 없는 거죠) 더 하고 싶은 말씀이 없으시면, 마무리할까요?

상준 엄마      네.

면담자        오늘 힘든 얘기인데 너무 고생하셨습니다.

상준 엄마      아뇨, 괜찮아요. 고생하셨습니다.

면담자        오늘 인터뷰는 이걸로 마치도록 하겠습니다. 감사합니다.

상준 엄마 강지은

4·16구술증언록 단원고 2학년 8반 제5권

그날을 말하다 상준 엄마 강지은

ⓒ 4·16기억저장소, 2020

**기획 편집** 4·16기억저장소 ┊ **지원 협조** (사)4·16세월호참사가족협의회
**펴낸이** 김종수 ┊ **펴낸곳** 한울엠플러스(주)
**초판 1쇄 인쇄** 2020년 4월 1일 ┊ **초판 1쇄 발행** 2020년 4월 16일
**주소** 10881 경기도 파주시 광인사길 153 한울시소빌딩 3층
**전화** 031-955-0655 ┊ **팩스** 031-955-0656 ┊ **홈페이지** www.hanulmplus.kr
**등록번호** 제406-2015-000143호

Printed in Korea.
**ISBN** 978-89-460-6775-2 04300
　　　 978-89-460-6801-8 (세트)
* 책값은 겉표지에 표시되어 있습니다.